PLAINWATER

앤 카슨
Anne Carson

『플레인워터』에는 시와 인터뷰, 여행기, 일기, 논문 등 다양한 형식의 작품들이 수록되어 있다. 이들은 일정한 순서로 배열되어 그 속에서 서로를 비춘다. 작품 곳곳에서 은밀히 되살아나는 모티프는 작품들을 하나의 전체로, 하나의 흐르는 물줄기로 바라보게 이끄는 것처럼 보인다. 그러나 이는 물에 비친 환영일 뿐 이를 따라가보아도 물은 손아귀를 빠져나간다. "물이 목마름으로 여행을 떠나듯 질문이 대답으로 여행을 떠날 수 있다는 믿음하에 여기저기서 순례가 행해져왔다." 그러므로 여기서 우리가 마주치는 것은 계속해서 흘러가며 벗어나는 물 그 자체이다. '물은 스스로를 버리고 떠나며' 범람한다, 질문이 질문을 만나 증식하듯, 파편으로만 남은 과거의 시인 밈네르모스를, 치매에 걸린 아버지의 정신을, 사라져버린 오빠를, 끝끝내 알 수 없는 연인을 알고 싶다는 마음 그 자체와 조우한다.

PLAINWATER: ESSAYS AND POETRY
Copyright ⓒ 1995 by Anne Carson
All rights reserved.

No part of this book may be reproduced or transmitted in any form or by any means, electronic or mechanical, including photocopying, recording or by any information storage and retrieval system, without permission in writing from the Publisher.

Korean translation copyright ⓒ 2025 by NANDA PUBLISHERS
Korean translation rights arranged with The Marsh Agency Ltd
through KCC

이 책의 한국어판 저작권은 KCC를 통해
The Marsh Agency Ltd와 독점 계약으로 난다에 있습니다.
저작권법에 의해 한국 내에서 보호를 받는 저작물이므로
무단전재 및 무단복제를 금합니다.

PLAINWATER

ANNE CARSON

플레인워터

앤 카슨

황유원 옮김

1급수 신사 / 벤 소넨버그[1]에게

---

[1] 미국의 출판인이자 문예지 『그랜드 스트리트』의 창간인.

차례

1부 밈네르모스: 브레인섹스 그림 — 11

2부 카니쿨라 디 안나 — 53

3부 마을들의 삶 — 115

4부 물의 인류학 — 159

옮긴이의 말 — 379

일러두기

* 각주는 모두 역주이다.
* 원문과 같이 영어가 아닌 외국어는 이탤릭으로 표기하였다.
* 국립국어원의 외래어 표기법을 따르되, 독자들의 편의를 고려하여 이를 따르지 않은 곳도 있다.

1부

밈네르모스: 브레인섹스 그림

「단편 1」
아프로디테 없는 삶이 무슨 소용이란 말인가?

유도신문을 하는 그는 억제할 수 없는 쾌락주의자처럼
보인다.

칼을 자루 끝까지 밀어넣듯 그대의 꿀 바구니 끝까지, 그
녀의 광석 안으로—아니면
    죽음을? 왜냐하면 그래
그녀 안에서 헤엄치는 건 얼마나 부드러운 일이겠는가
    남자와 여자의 비밀스러운 수영 하지만 (아니) 그때
밤의 가죽은 그 위로 단단해진다 (아니) 그때 붕대는
    노인 냄새로 딱딱하게 굳는다 (아니) 그때
그릇은 검게 변한다 꽃봉오리도 소년도 여자도 태양도
없다
    포자胞子도 (아니) 전혀 (아니) 없다
신神도 단단한 지주인 무無도 그대 앞에서
    주먹 움켜쥐지 않을 때는.

「단편 2」

나뭇잎인 우리는 모두

그는 (호메로스를 따라) 인간의 삶을 나뭇잎에 비유한다.[1]

나뭇잎인 우리는 모두 그것의 충격 속에 빠져 있다:
   봄—
둔한 금빛으로 한번 튀어오르면 당신은 거기 이른다.
   태양이 보이는가?—내가 만든 거다.
청년 시절에. 구석에서 꼬리를 마구 흔들던 운명의 여신들.
   그런데 (잠깐) 그건 시카고의 어느 호텔이 아니었던가
내가 브레인섹스 그림이라고—어떤 치명적인 사명을 띤 채
   내 몸은 방을 빠져나갔고
나는 천장 위에서 약간 희미해져가고 있었지—
   부르곤 하던 것을 처음 그렸던 곳이?
내가 (말하자면) 그림을 그리던 시절에.

---

[1] 호메로스의 『일리아스』 제6권 146행 "한 세대의 나뭇잎이 돋아나고 시들 듯 인간의 가문도 그러하다오"를 가리킨다.

기억하는가
우리가 동(그때는 그랬지)베를린에서 사 먹었던
그 기이하게 훌륭했던 초콜릿을?

「단편 3」
그가 아무리 한때 아름다웠다 한들

앞바다에서 그는 노년을 본다.

그래 사랑스러운 이여 오늘은 영원하지만 어디선가 너의 아이 같은 손가락 하나하나를
　지퍼처럼 여는 저 그림자는 뭔가?

「단편 4」
티토노스[1]에게 (신의 선물)

가엾은 티토노스를 위하여.

그들은 (한편으로는) 그의 냉랭한 눈물을 불멸로 만들어 주었으면서
   그의 눈은 그렇지 않다는 사실은 말해주지 않았다.
(853ff)

---

[1] 그리스신화에 등장하는 트로이의 왕자로, 새벽의 여신 에오스의 사랑으로 불사의 몸이 되었으나 늙어서 목소리만 남자 매미가 되었다고 한다.

「단편 5」
갑자기 형언할 수 없는 땀이
내 피부를 타고 흘러내린다

그는 응시한다, 어쩌면 비난하면서.

땀. 이건 그저 땀일 뿐이다. 그래도 나는 그것들을 바라보는 게 좋다.
  젊음은 내가 매일 밤 찾아가는 꿈
깨어나면 약하게 팔딱거리는 내 손의
  동맥 다발.
힘든 일이로구나, 그대여, 그것들의 경계 너머로 보내지는 것은.
  한쪽 눈마다 돌멩이를 품은 채.

「단편 6」
그대와 나 사이에 진실이 있기를

젊음과 쾌락을 추종한다고 단언하면서도, 그는 도덕적 근심을 안다.

국경을 건널 때 내 귀에 들리던 소리라고는 너의 맥박과 내 귀뼈를 빗질하듯 쓰다듬던, 반물질反物質 같은 바람뿐.

「단편 8」
태양의 몫은 평생의 노역이기에

그는 신화를 바라본다.

보라: 저 위의 모든 뼈와 모든 하늘과 모든 나날과 모든 그대를—
    그는 일하며
위로 나아간다 푸른 귓불이 바다로부터
    내던져진다 이미 내일인 누군가의
갑작스러운 장밋빛으로 낮의 황금 침대를 타고 나아간다
    서쪽에서 동쪽까지
잠의 나라들을 스쳐가다가 이미 새벽인 누군가의
    갑작스러운 장밋빛이 멈추며
시계의 뒤쪽을 열면: 그가
    들어선다.

「단편 11」
차라리 죽음이 나를 덮쳐주었으면

그는 생일을 노래한다.

병도 없고 납작해진 꿈의 굶주린 들판도 없이 그저 예순 나이에
  문 한번 두드리는 소리로: 끝나길.

「단편 12」
산들이 옆으로 잠수했을 때

그는 그리스 본토인이 식민지로 만든 콜로폰에 대해 말한다.

……산들이 퓔로스[1]에서 옆으로 잠수했을 때
우리는 배를 타고 아시아로 왔다
끌로 파서 길을 내듯 콜로폰으로 와서
단단한 매듭처럼 앉았다가
거기서
붉은 강의 황혼을 가늘고 길게 베어
신의 이름으로
스뮈르나를 빼앗았다.

---

1 펠로폰네소스 반도 남서부의 항구 도시로 펠로폰네소스 전쟁의 싸움터.

「단편 13(a)」
그리하여 그들은 왕의 편에서

그는 전사들이 움직이는 것을 본다.

그리하여 그들은 왕의 편에서 명령이 떨어지자
 돌진했다 — 자신들의 속이 빈 방패 안에 몸을 끼운 채.

「단편 14」
그 같은 사람은 없다

그는 기억을 바라본다.

그 같은 사람은 없다:
　뿔로 들이받는 황소들 사이에 그 같은 사람은 없다 헤르모스강[1]의 죽음의
양 기슭에.
　없다.
그를 본 그 원로들은 근원의 지점들을 본 것이다.
　그것은 신을 찔렀다.
그들은 말한다 그의 척수가 태양에서 곧장 쏟아져나왔다고.

---

[1] 밈네르모스의 고향으로 추정되는 스뮈르나의 북쪽에 위치한 강으로, 오늘날 튀르키예 서부를 가로지르는 게디즈강의 옛 이름.

「단편 15」

그는 말들에 시달린다.

……사람들 앞에 있을 때 말은 그의 내면에서 덩어리를 이루었다.

「단편 16」

시달린다.

……언제나 단단한 말 상자를 그들은 원했다.

「단편 22」
반달

그는 일찍 일어난다.

새벽에 소나무 사이에 뜬 반달
소녀의 흉곽만큼이나 날카로운.

「단편 23」

왜 움직임은 그를 슬프게 할까?

······절름발이가 성행위를 가장 잘 안다······

밈네르모스와 쾌락주의의 움직임

나는 남들처럼 수영할 수 있는데, 다만 그들보다 기억력이 좋기에 예전에는 수영할 줄 몰랐다는 사실을 잊지 않았다. 하지만 그 사실을 잊지 않았기에 내 수영 능력은 아무 소용이 없고 결국 나는 수영도 할 수가 없다.

― 카프카

우리를 인간이게끔 해주는 본질들 사이의 재배치가 그의 주제다. 사람들은 그것을 쾌락주의라고 부른다. 이는 카프카를 수영에 서툰 사람으로 요약해버리는 것이나 마찬가지다. 밈네르모스의 시에 등장하는 전체적인 체성감각體性感覺 체계를 생각해보면, 창문들이 소년, 육체, 새벽, 여자, 바다의 푸른 입술로 차례차례 빛나는 것은 사실이다. 그가 모든 시에 태양을 등장시키길 좋아하는 것도 사실이다. 하지만 시인의 과업은, 카프카에 따르면, 고립된 인간을 무한한 삶 속으로 이끌고 우연한 것을 적법한 것으로 이끄는 일이다. 밈네르모스의 태양들에서는 우리를 모든 빛나는 사물과 이어주는 법칙이 흘러나온다. 그중 첫번째는 바로 시간이다.

비록 그가 그 단어를 거의 사용하지 않긴 하지만 그의 시에 등장하는 모든 것은 시간으로 가득차 있다. 시간은 풍경과, 시간이라는 문제에 열중한 인간의 삶을 소용돌이치듯 지나면서 사물들을 끝없이 끝장낸다. 당신은 반 고흐 작품의 색채 에너지 속에서 이런 시간의 진동을 본 적이 있다. 그 진동은 (직선이 아니라) 원을 그리며 일종의 생물학적 필연성에 따라 퍼져나간다. 인간의 젊음을 개화하는 식물이나 과일에 비유하는 밈네르모스의 반복적 은유가 그러하듯. 이 식물들은 빛이 자라나듯 자라나는데, "선도 악도 알지 못하는"(「단편 10」) 이들의 긴 하루살이 인생은 태양이 가장자리 너머로 미끄러지고 모든 게 어두워지면 끝나기 때문이다. 그는 어둠에 해당하는 단어를 사용하지 않지만 대신 사건들로 어둠을 대체한다: 죽음, 노년, 가난, 눈멂, 텅 빈 방, 실성. 마치 어둠이 오직 빛이 사라졌다는 이유만으로 도래하는 이런 악을 발명해내는 듯하다. 그의 시 속에서 태양 아래로부터 나와 그늘로 들어갈 때, 그 차이가 마치 찬물처럼 두개골 뒤를 흘러내리는 것이 느껴질 것이다. "그러면 곧 죽는 게 사는 것보다 낫게 된다"(「단편 2」).

태양은 스스로 뛰는 유일한 맥박이다. 덧없음이 우리

를 속속들이 움켜잡는 동안, 헬리오스는 그것을 잔盞처럼 타고 하늘을 가로지른다(「단편 8」). 밈네르모스는 이 영원한 움직임을 행하는 신을 눈 하나 깜빡이지 않고 동정하는 척한다. 그리고 바로 그 점이 그의 쾌락주의에 대해 무언가를 말해준다.

왜냐하면 그는 오직 두 가지 쾌락만을 언급할 뿐이며 그것을 쾌락이라고 부르지도 않기 때문이다. 밈네르모스의 시에는 포도주도, 따뜻한 목욕도, 달리는 동물도, 체리나 실크나 창백한 푸른 뼈도, 주사위도, 노래로 떠들썩한 익살극의 밤도 없다. 그 모든 것은 세계의 이면 어딘가에서 정적으로 응수하는 상태 속에서 벌어진다. 어린아이가 밤새 혼잣말을 하며 밤을 건너가듯이. 움직임이 멈출 수도 있구나, 하고 그는 경이로워한다. 그의 쾌락주의는 그가 살던 시대를 관통하며 흐르던 어떤 정맥을 건드린 듯하다—비록 신선함이 떨어지고 있긴 하지만 그럼에도 우리가 여전히 캐고 있는, 자아의 움직임에 대한 일종의 굶주림을. 그것은 동시에 두 방향에서 출몰하는 것으로, 우리가 우리의 쾌락주의적 미적분학을 정당화하고자 쾌락이라고 부르는 것이다. 섹스와 빛. 이것들이 그를 어떻게 움직이는지 살펴보도록 하자.

그는 제37회 올림피아드(기원전 632~629년)에 "꽃을 피웠다"(고대 전기 작가들이 즐겨 쓰는 표현을 빌리자면

활약했다*floruit*). 기록에 따르면 그는 소아시아의 도시 콜로폰 출신이라고도 하고, 콜로폰 북서쪽에 있는 도시 스뮈르나 출신이라고도 하며, 에게해 남쪽의 아스튀팔라이아라는 섬 출신이라고도 전해진다(하지만 아스튀팔라이아*astypalaia*는 '고대의 도시'라는 뜻으로, 그저 지금은 전해지지 않는 어떤 시구에 나온 말일지도 모른다). 콜로폰은 기원전 8세기 이전에 그리스 본토인에게 식민지화되었고, 스뮈르나를 정복한 후에는 이오니아에서 가장 큰 도시국가가 되었다. 밈네르모스는 이러한 몇몇 역사적 사건을 「단편 12」에서 말하지만, 그것은 역사가의 기술이 아니다. 이 시에서 '우리'가 누구인지는 알 길이 없고, 짧은 뉴스 화면처럼 획획 지나가는 이 여러 세기를 우리가 어떻게 받아들여야 할지도 알 수가 없다. 하지만 바로 그 점이 그의 요점이다.

또한 「단편 14」에서도 우리는 전쟁과 이전 세대들에 대한 빠르고 눈부신 먼지 같은 암시를 통해 여러 시대의 사건들을 목격하게 된다. 그것은 뤼디아의 귀게스[1], 즉 7세기 초에 헤르모스강 계곡을 따라 내려와 스뮈르나와 콜로폰을 압박했던 인물에 대한 시일 수도 있

---

[1] 기원전 7세기 초 고대 소아시아 뤼디아 왕국의 군주. 헤르모스강 유역을 장악하며 스뮈르나와 콜로폰을 위협했다.

다. 혹은 같은 세기의 마지막 10년에 일어났던 알뤼아테스[2]의 스뮈르나 침공 동원령일 수도 있다. 밈네르모스는 이 사건들을 목격한 원로들에게 그 이야기를 전해 들었다고 말한다. 그렇지만 헤르모스 평원에서 싸운 그 비길 데 없는 남자는 누구란 말인가? 그의 아버지? 할아버지? 가문의 모험담에 등장하는 또다른 발자국? 어쩌면 완전히 허구일지도 모른다. 어쨌든 밈네르모스는 역사적 관련성을 설명하는 데는 전혀 관심이 없다. 그는 이 눈부신 형상이 시간을 가로지르도록, 노스탤지어를 만드는 두 순간—'그때'와 '지금'—을 바늘처럼 꿰매도록 내버려둔다. (우리가 빛을 찾으려 할 때쯤) 우리는 이미 빛 속에 있지 않다는 사실이 그의 주제다. 밈네르모스의 쾌락주의를 말하는 한에 있어서, 우리는 그 주제를 지식이라고 불러도 좋을 것이다.

혹은 이것이 바로 쾌락주의가 만들어내는 차이라고도 말할 수 있다: 기쁨과 사랑과 쾌락을 "선도 악도 알지 못하는" 빛의 품안에 위치시키는 것은 지식을 어둠 속에 두는 일이다. 이런 앎의 순간을 위해 밈네르모스는 적나라한 상처와 만성적인 절망이 남기는 깊은 인상을 가정한다. 밈네르모스가 빛을 볼 때, 그는 그것이 사라졌음을 본

---

[2] 기원전 7세기 말 뤼디아 왕국을 통치했던 왕.

다—「단편 7」에서 적의 길을 따라 내려가 태양신 헬리오스와 세상의 모든 빛이 우리에게 반하는 반反사실성 속에 보관된 장소로 가는 이아손처럼. 이 단편은 "그러지도 않았을 것이다……"로 시작한다. 우리가 빛을 찾으려고 멈춰 서서 돌아보지 않았더라면, 순간들의 기계적인 죽임이 어둠이 되어 으르렁거리며 우리를 나무라지도 않았을 것이다.

혹은 빛이 이미 사라져버렸기에 우리가 멈추는 것일까? 밈네르모스는 철학적 질문들을 기법과 관련하여서만 다룬다. 「단편 1」에서 노년이 남녀 위로 어둠처럼 내리는 순간을 생각해보라. 이 다정한 존재들의 성행위는 예기치 않은 운율적 사건에 의해 근본적으로 가로막힌다. 애가조의 연구聯句 다섯 개로 구성된 10행 시의 정중앙에서 시간이 육체의 서사를 가른다: "하지만 (아니) 그때." 이는 매우 보기 드문 중간 휴지이며, 현저히 비선형적인 심리이다. 우리 젊음의 중심인 행의 중간 지점밖에 이르지 못했을 때, 우리는 우리 자신이 어두워지기 시작하는 모습을 본다. 우리는 애가를 구성하는 어떤 움직임과 충돌의 규칙(이를테면 "장단단 6보격의 시는 행의 중간에서 문장이 끝나는 것을 피한다")이 존재할 거라고 배웠지만, 이는 무시된다. 우리는 우리를 불멸의 존재로 여기도록 유혹되었는데 갑자기 그것이 끝나버린 것이다.

 티토노스(「단편 4」)를 생각해보라. 필멸성과 선물 교환이라는 관습에 대한 성실한 믿음 덕분에 그는 자신이 묻고 있는지도 몰랐던(그러지도 않았을) 질문에 대한 답을 얻었다. 그 이야기는 아주 잘 알려져 있기에 밈네르모스는 그 내용을 거의 암시하기만 할 뿐이다: 새벽의 여신에게 유혹당한 아름다운 청년 티토노스는 그녀로부터 불멸을 약속받는다. 인간의 삶이 대체로 인간의 젊음과 함께 지속되지 않는다는 사실은 까맣게 잊은 채. 새벽의 첫 빛을 사랑한 대가로 티토노스가 받은 보상은 끝없는 노년뿐이었다. 「단편 1」의 다정한 남녀처럼, 너무 늦게서야 그림자의 길이를 의아해하는 티토노스는 기법적인 문제에 발이 묶인 사람이다. 다만 그의 경우 인간의 곤경을 빚어내는 것은 운율이 아니라 통사론이다. 그 시는 대단히 흔한 그리스어 구조의 첫번째 절반을 제시하며 시작한다: 불변화사 멘men("한편으로는")은 일반적으로 불변화사 데de("다른 한편으로는")와 짝을 이루어 균형 잡힌 문장이나 이중 발언을 만든다. 그것은 마치 티토노스 이야기의 어떤 다른 면이 막 움직여서 그를 석화石化 너머로 데려가주려 하는 것과도 같다. 슬프게도 그런 일은 일어나지 않는다. 물론 이 단편은 미완

성incomplete일 수도 있다. 하지만 그건 티토노스 자신도 마찬가지다.

불완전성incompleteness을 동사로 생각해보라. 모든 동사는 시제를 지니며, 반드시 시간 속에서 일어난다. 하지만 이 법칙을 피하는 방법도 있다. 그리스어 동사 체계에는 ('한정되지 않은' 혹은 '시간의 제한을 받지 않는'을 뜻하는) 아오리스트aorist 시제가 있는데, 이를 통해 이를테면 한 남자가 정오에 자신의 그림자 바로 위를 달리는 행위의 양상을 포착할 수 있다. 그리하여 「단편 13(a)」에서 밈네르모스는 전쟁 속에서 인간이 어떻게 움직이는지 묘사하기 위해 아오리스트 분사를 사용한다. 우리가 역사라고 부르는 정신적 경범죄의 곡예사들과 마찬가지로, 행동이 멈추려 하는 바로 그 순간 위를 맴돌며 전사들은 전사로서 살아간다. 그들은 밤을 향해 스스로 발사되는 돌진력을 담은 용기容器이며, 자기 해명의 자취다. 밈네르모스는 시작과 끝에 큰 흥미를 보이는 시인이지만, 그 방식은 평범하지 않다—그는 정오를 진정한 어둠을 연구하는 시간으로 숭배한다: "몸을 끼운 채."

밈네르모스의 세계에는 오후가 없다. 그의 전형적인 어법에 나타나는 젊음과 노년의 차이를 소리의 유희로서 생각해보라: 노년의 서술에 반복적으로 쓰이는 것은 형용사 아르갈레온*argaleon*으로, 이는 '고된/단단한hard'을 의미하며 그 소리는 메마른 협곡 아래로 바위가 굴러떨어지는 소리를 닮았다. 그것과 대조되는 단어는 (이를테면 「단편 1」에 등장하는) 형용사 하르팔레온*harpaleon*으로, 이는 '다정한/부드러운*gentle*'을 의미하며 그 소리는 깊은 물 속으로 미끄러지듯 내려가는 비밀스러운 송어의 소리를 닮았다. 지적하려니 무정한 사실이지만, 자음 하나와 최초의 대기음을 제외하면 이 두 형용사는 사실상 같은 단어다. 하르팔레온의 부드러운 p가 아르갈레온의 단단한 g로 바뀌는 순간, 하루의 모든 움직임은 자연이 예정한 영혼의 단단한 손상으로 굳어진다. 쾌락주의는 저 너머에 있는 것이 아니라 이에 앞서 있다—이미 몰수된 채.

섹스와 마찬가지로, 당신이 어둠 속에 있게 되기 전까지는 빛도 질문이 되지 않는다. 밈네르모스는 이에 대해 해줄 대답이 없다. 대신 (그는 어쨌든 학자이므로) 인식론을 제시한다: "……절름발이가 성행위를 가장 잘 안다"(「단편 23」). 이 문장은 존경할 만한 판본들에서는 보통 의심스럽거나 위조된 작품*dubia et spuria*으로 기록되지만 그가 어느 해 여름 흑해 지방을 여행하며 아마존 여전사들에게 배운 지혜로운 속담으로도 여겨진다. 그렇다, 그 시절에는 아직 아마존 여전사들이 있었다. 욕망의 진정한 물리학이 있었던 것처럼. "당신이 그 광석이에요." 그가 떠나던 날 그 커다란 여자들 중 한 명이 그에게 그렇게 말했다.

밈네르모스 인터뷰 (1)

M(밈네르모스): 이렇게 멀리까지 오다니 놀랍군요

I(나): 완전 진창이네요

M: 비를 싫어하는군요

I: 네 시작하죠 이름부터 이야기할까요

M: 할아버지의 이름을 딴 겁니다

I: 군인이셨죠

M: 위대한 군인이셨어요

I: 그분에 대해 좀더 이야기해주실 수 있을까요

M: 그분은 뇌우 올리브 그리고 이곳 삶의 더 거친 면을 사랑했어요 그분은 전쟁을 사랑했어요

I: 그 같은 사람은 없다는 건 그분 이야기로군요

M: 그렇다고 말해야겠지만 뭐 대부분은 지어낸 겁니다 벌거벗고 싸운다든지 하는 그런 것들은

I: 제가 알기로 현존하는 텍스트는 훨씬 더 긴 작품의 서시일 뿐이라고 하던데요

M: 글쎄 요즘 당신들이 거기서 뭘 읽고 있는지 모르겠군요 그 미국 유통업자들은 말도 안 되는 생각을 품고 있어요

I: 그건 표준판(전 2권짜리 딜Diehl 판본)일 텐데요

M: 화내지 마세요

I: 화내는 거 아니에요 꼼꼼한 거죠

M: 이끼moss처럼 말이죠

I: 정말 이상한 말이네요 정신분석 받아본 적 있으신가요

M: 내가 알기로는 받아본 적 없는데요 그건 왜 물으시죠

I: 저를 담당하는 정신분석가 이름이 모스Moss거든요

M: 뉴욕에서요

I: 네

M: 똑똑한 남자인가요

I: 여자예요 네 아주 똑똑하죠 제 속을 꿰뚫어본답니다

M: 내 시대에는 오히려 눈멂을 더 가치 있게 여겼죠

I: 신비롭군요

M: 신비롭다라 우리에게는 신비롭다라는 말이 없었던 것 같아요 우리에게는 신들이 있었죠 신들을 가리키는 말들이 있었어요 이를테면 일반적으로 "제우스의 음낭¹ 속에 숨어 있는" 존재라고 말하곤 했죠

I: 모스 박사님이 들으면 좋아하겠군요 당신 말을 인용해도 될까요

M: 아 완벽한 청자聽者로군요 네 언젠가 그녀를 찾게 될 거라고 꿈꿨어요

---

1 원문에는 '음낭'을 뜻하는 '*scrotum*' 대신 '*scrutum*'으로 표기되어 있다.

밈네르모스 인터뷰 (2)

I: 지난 10년 사이 서구 세계가 영적인 재탄생을 목전에 두고 있다는 언급이 여기저기서 들려왔습니다 삶의 가치에 대한 태도에 근본적 변화가 일어나려 하고 있다는 거죠 오랫동안 외부로 확장되던 시선이 다시 한번 우리 내면을 향하기 시작했다는 건데 이에 대해 한말씀해주실 수 있을까요

M: 비밀 덕분에 저는 분해되지 않고 있습니다

I: 그게 무슨 뜻이죠

M: 세상 뒤편 아래에 있는 저의 분리된 존재 말이에요

I: 그렇다면 당신은 무의식을 믿는 건가요

M: 나는 수백만의 인류가 내 할아버지 이전 시대로 돌아가는 모습을 봅니다 매일 아침 하늘이 파랗게 물들면 그들은 내 아파트로 흘러들죠

I: 그러니까 정신적 생명의 증거로서

M: 음 아니요 밑바닥으로서 우리는 모두 밑바닥에서 시작하죠 위로 올라가는 길을 묻기 시작해요

I: 꿈은 우리가 요구하는 것보다 더 많은 걸 주죠

M: 나는 꿈 이야기를 하는 게 아니에요 그 누구의 꿈도 다른 누군가에게 쓸모 있지 않아요

I: 왜죠

M: 꿈은 단지 실험일 뿐이니까요 실험적 표면

I: 하지만 분명 꿈은 적어도 뭐랄까 체계화하려는 노력은 포함하잖아요

M: 아무 일도 일어나지 take place 않아요 장소 place 말고는

I: 진심으로 하는 말인가요

M: 그저 빈집에서 울리는 전화벨 소리일 뿐

I: 전화를 받는 게 어때요

M: 계속 움직이는 게 어때요 모든 묘비명이 큰 소리로 행인을 부르는 건 사실이죠 하지만 흔적은 덫이고 애도는 무의미해요 내가 아는 한 남자는 엉덩이가 유리로 된 꿈을 꾸고서 일곱 달 동안 앉을 엄두도 내지 못했어요

I: 프로이트는 꿈이 소망이거나 그 소망의 반대라고 말해요

M: 애매한 태도로군요

I: 혹은 그 둘의 위장이라고

M: 글쎄 결국 누군가는 보트를 보트라고 불러야만 해요 모든 걸 절단할dismember 수는 없잖아요

I: 절단이라뇨

M: 죄송해요 기억$_{remember}$이라고 말하려다 그만

I: 프로이트라는 이름도 그의 할아버지 이름을 딴 거죠

밈네르모스 인터뷰 (3)

I: [테이프 잡음]……………………………그는 어디 출신이지? 같은 당신의 지적 배경에 관한 거 말이에요 완전히 합리적인 질문이죠

M: 뭘 그렇게 캐내려 하는 겁니까

I: 난노

M: ―

I: 그 사람은 누구인가요 그 균열 그 잃어버린 사건은

M: ―

I: 당신이 노년에 난노라는 이름의 플루트 연주자에게 매혹되었다는 아테나이오스의 주장은 상당한 불확실성에 휩싸여 있습니다

M: ―

I: 칼리마코스는 난노 혹은 '커다란 여자'를 마치 콜로폰 건국에 대한 서사시처럼 언급하지만 이 말의 의미를 이해하는 사람은 아무도 없어요

M: ―

I: 스트라본[2]은 당신이 그녀의 이름을 따서 사랑의 애가 모음집 제목을 지었다고도 말합니다

M: ―

I: 푸코는 '사유되지 않은 것'이 모든 실제 지식이 생겨나는 경계라고 말합니다 저는 지금 암중모색중인 셈인데 우리가 난노를 일종의 인식론적 전략으로 볼 수 있을까요 우리는 난노의 논리를 찾아야 하는 걸까요

M: ―

---

2 기원전 1세기 말~기원후 1세기 초의 고대 그리스 지리학자이자 역사가. 저서 『지리학』에서 밈네르모스를 언급했다.

I: 그녀 꿈을 꾸시나요

M: 아니요 나는 추운 봄밤에 안개 속으로 스미는 헤드라이트 꿈을 꿉니다

I: 이번에는 당신이 화난 것 같군요

M: 화난 게 아니에요 나는 거짓말쟁이에요 이제야 나의 불성실함이 무엇인지 혐오가 무엇인지 알 것 같군요 더 가까워질수록 나 같은 사람은 희망이 없어져요 나는 당신에게 사실을 알려줄 수 없습니다 나의 역사를 이런저런 명백한 진실로 정제해서 갑자기 우주의 미니어처 버전을 만들어낸 후 당신 질문과 대답 시간의 빈틈을 채워넣을 수 없습니다 당신을 동정하지 않는 건 아니에요 당신의 인간적 얼굴이 어떤 이유에서인지 나를 향해 미소를 짓고 있다는 걸 모르는 것도 아니고요 지금 해석이라는 행위가 요구된다는 걸 모르는 것도 아닙니다 그 해석으로 우리는 모두 이 행위에 내재한 논리의 경계로 가서 가장자리 너머를 응시할 수 있겠죠 하지만 나는 시작할 때마다 나는 매번 당신이 나를 볼 때마다 나는 이야기를 처음부터 전부

다시 해야 합니다 그게 아니면 거짓말을 해야 하고요
그래서 나는 거짓말을 하죠 나는 그저 거짓말할 뿐이
에요 그들은 누구입니까 그 이야기꾼들은 누구입니
까 누가 이야기를 끝낼 수 있단 말입니까

I: 너무 추워 보이시네요 불 가까이 오시죠

M: 그녀는 아침에 먼저 일어나 불을 피우곤 했어요 놀라
웠죠 젊은 사람이 그런 경우는 드무니까요

I: 하지만 그녀는 당신의 주제가 아니었군요 그러니까
시적으로 말이에요

M: 나는 그녀의 묘비명을 썼습니다

I: 제가 모르는 작품 같은데요

M: 발표되지 않았습니다 가족이 반대했거든요

I: 혹시 들려주실 수

M: 아뇨

I: 그래도

M: 아뇨

I: 저는 당신을 알길 원했습니다

M: 나는 훨씬 더 많은 걸 원했어요

2부

카니쿨라 디 안나[1]

---

1 *Canicula di Anna*. 라틴어 '*canicula*'는 '작은 개' '천랑성(天狼星)' 등을 뜻하며, 이탈리아어 '*di*'는 '~의'를 뜻한다. '*canicula*'에서 파생된 이탈리아어 '*canicola*'는 '삼복더위'를 뜻하기도 하는데(영어로는 'dog days'에 해당한다), 이런 맥락에서 '*canicula*'는 개와 관련된 이런저런 의미를 포괄적으로 담고 있어서 특정 단어로 번역하기가 불가능하다.

여기서 마주하는 것은 무엇인가?

1

우리가 여기서 마주하는 것은
한 화가의 이야기다.
무대는 페루자[1]
(고대 페루시아)로,
페루지노[2]라고 불렸고
미켈란젤로와 동시대인이었으며
라파엘로의 스승이었던
화가 피에트로 반누치가 살았던 곳이다
(1445년경~1523년).
당신이 알아야 할 것은 무엇인가?
몇 가지가 있다.
15세기에

---

1 *Perugia*. 이탈리아 움브리아주의 주도(主都)로 기원전에 에트루리아인이 세운 도시.
2 *Perugino*. 이탈리아어로 '페루자 출신'을 뜻한다.

페루자의 공작들은
교황의 군대에 포위당하자
자신들의 도시가 건설된 바위 안쪽으로 철수해
두번째
내부 도시를 세웠다.
그곳은 라로카[3]로 불리게 되었고
그들을 구해주진 못했지만
지금도 거기 남아 있다.
그 안의 공기는 놀라울 만큼 차갑다.
우리가 여기서 마주한 이 이야기에서는
현대의 몇몇 철학자들이
페루자의 그 고대 바위 위에서 만나
비밀회의를 연다.
그들은 화가 한 명에게
홍보 목적으로
15세기 안료로 그들을 그려달라고
의뢰한 듯하다.
어쩌면 역사적 이유로 인해서
(페루자는 다채로운 painted 과거를 지녔다).
어쩌면, 가벼운 말장난인지도:

---

3 *La Locca*. 이탈리아어로 '바위' '요새' 등을 뜻한다.

파루시아[4]는 그려진painted 얼굴이 필요하니까.

그것이 무엇인지는

당신이 나보다 더 잘 알 것이다.

그 화가는, 어쨌든,

행복한 사람이 아니다.

언제나 그렇듯, 문제는 여자.

그녀 또한

그릴 만한 가치가 있는 얼굴과

과거를 지녔다.

이 정도면 이야기가 될 수 있을까?

베디아모.[5]

2

그녀를 안나Anna[6]라고 부르고 싶다.

내가 도착했을 때는 비가 내리고 있었다. 다들

---

[4] *parousia*. '예수 그리스도의 재림'을 뜻하는 말.

[5] *Vediamo*. 이탈리아어로 '두고 보자'를 뜻한다.

[6] '안나(*Anna*)'는 영어 이름 '앤(Anne)'에 해당하는 이탈리아어 이름이다. 앤 카슨의 『유리, 아이러니 그리고 신』에 수록된 「로마의 몰락: 여행자 가이드」에도 같은 맥락에서 '안나'가 등장한다.

내게 짜증이 난 듯한 눈치였다.
명단에서 안나의 이름을
찾을 수가 없었다, 그들은
다른 명단을 내밀었다, 아니, 그들은
둥글게 모여 어찌해볼 도리가 없다는
손짓만 해보였다. 나는 조용히 밖으로 나왔다.

밖에는 여전히 비가 내리고 있었다.
두 가지 일이 일어났다
(그 그림 속에서, 색은 겹친다)
동시에, 둘 다 불가능한 일이.
나는 누군가 안나의 이름을 부르는 소리를 들었다. 나는
   바다를 보았다.
이제, 우리가 있는 이곳은 육지에 둘러싸여 있다.
페루자(고대 페루시아)는
해발 1,444피트의 언덕 무리에 위치하고
거기서는 티베르강이 내려다보인다:
1,000피트 아래로.
그곳의 윤곽은
불규칙하다. 중세 성벽 내부에는
에트루리아 시대의 높은
테라스식 석벽이 상당히 많이 남아 있다.

어떤 늙은 에트루리아인이 빗속에서 "아……" 하고 외친다,
그게 가능한 일인가? 몸을 구부리고
난간 너머로 떨어져
지금쯤 바다에서 죽었으리라.

들개들이, 피 묻은 음절을 입에서 뚝뚝
흘리며, 썰물처럼 빠져나가 저기 저 바다
밑바닥 위를 달리고 있다.

아텐티 아이 카니.[7]

3

여기서는 아무도 그녀를 모른다. 말하자면,
나는 그녀를 마음대로 만들어낼 수 있다! 사랑스러운 개들.

---

7 *Attenti ai cani*. 이탈리아어로 '개 조심'을 뜻한다.

4

나는 잠들고, 깼다가, 다시 잠들었다 개들의 열병 속에서.

그 자유에 대해 착각하진 말도록 하자.

눈은 두 개의 두개골 통로를 거스르며 불타오른다.

나는 선택할 수도 있다

이를테면, 안나에게서 어떤 색을 빼앗기를.

작은 파란색과 적갈색 전부를.

그래. 그녀의 서늘한 발바닥.

안쪽에서 타오르는 뼈가 희미한

악취를 풍긴다, 하지만

그래,

개는 선택할 수도 있다

짖을지 짖지 않을지를.

레이 아 우나 페리타.

카라 페리타.[8]

누군가 상처를 입었다.

심각한 것은 아닐 수도 있다.

---

[8] *Lei ha una ferita. / Cara ferita.* 이탈리아어로 '그녀는 상처를 입었다. / 사랑스러운 상처.'를 뜻한다.

5

여기에는 다른 여자들도 있다,
햇볕 속에서 목을 길게 빼는.
나는 안나에 굶주렸다.
칸막이한 작은 방을 지나다가 그녀의 그림을 보고는
그것을 내 방으로 옮겨 왔다,
열병에 걸린 듯 흥분한 채.
알고 보니 그것은
살구와 미네랄워터*aqua minerale*를 그린
정물화였다.
유리잔에는 금이 가 있지만
그것은 나에게
그녀가 굶주렸던 시간들을
떠올리게 한다.

6

이탈리아 전역*tutta l'Italia*의 저명한 현상학자들이
이곳에 모여들었다.
그들은 소피스트까지 거슬러올라가며 논의한 뒤

돌계단을 올라가서
거한 점심을 먹는다.
그들의 이마는
프랑스 현상학자들의
이마만큼
높진 않지만
그보다 훨씬 더 온화하다.

이곳에서 점심은 하루의 가장 주요한 식사다.

7

에 일 트레노 주스토 페르 페루자?[9]

어쩌면 오늘 안나가 올지도 모른다.
3시 반에 기차 한 대가 도착한다.
한번은 그녀가 전화한 적이 있다
북쪽 어딘가에서.

---

9 *E il treno giusto per Perugia.* 이탈리아어로 '그래서 이 열차가 페루자행이 맞나요?'를 뜻한다.

겨울 이후로 그녀를 보지 못했을 때였다.
(그 그림 속에서, 눈은 흰색이 아니라
그저 푸르스름한 흔적으로만 그려져 있다.)
전화로 들려오는 그녀의 대답에서 두드러지는 것은
현상학자들이 '두께'라고 부르는 것이다.
그 목소리에서는
바위투성이 해안의 소리가 들린다. 가파른.
겨울에는 잔혹한. 정의?
우리는 기차에게 어떤 "존재자의 비은폐성"을
기대해볼 수는 있을지 몰라도, 정의는 기대해볼 수 없다.

이탈리아 전역의 광산에서 나는
아주라이트 광물에서
차가운 옅은 파란색 안료를 얻을 수도 있는데,
그것은 울트라마린보다 약간 저렴하지만
결코 흔한 안료는 아니다.

"당신이 있는 곳으로 가는 기차는 없었어요" 그녀는 그
렇게 대답했다.

8

안나는 어딘가에서 망설이고 있다.

어쩌면 그녀는 자신만의 그 꿈을 꾸고 있는지도 모른다.
그 꿈은 늘
아침이 밝아오기 직전에 찾아온다.
그녀는 어떤 방 안에 있고
문을 닫으려 애쓰고 있다.
팔과 다리들이 억지로 틈을 비집고 들어오고 있다.
랍스터처럼 사납게. 그녀는 생각한다
이것은 아주 흔한 꿈이라고.
나는 그런 꿈 이야기는
누구에게서도 들어본 적이 없다.

9

아마도 널리 알려진 사실은 아닐 텐데
이른바 페루지노라고 불리는 어떤 인물은
1483년부터 1486년까지
시스티나 예배당의 일부, 즉

지금은 미켈란젤로의 〈최후의 심판〉으로 불멸하게 된 바로 그 부분을
프레스코화로 채웠고
그의 노력은 계승자의 더 엄청난 천재성에
자리를 내준 뒤
무자비하게 지워지고 말았다.

10

안나가 어딘가에서
커피를 마시거나 꿈을 꾸고 있다는 사실은
나에 대한 공격이나 다름없다.
나는 이런 빈곤한 순간들이 싫다.
인간은 무엇을 먹는가? 현상학자들은 묻는다.
개들처럼, 이름들도
저 아래에서
굶주리고 있다.

11

루뱅라뇌브[10]에서 온 한 현상학자가
1935년 겨울 학기 동안 하이데거가 했던 생각을 우리에
 게 말해주고 있다.
예술에 대한 심문이 있었다.
그려야 할 원이 있었다.
안나는 전혀 논의 대상이 아니었다. 그럼에도
모든 게 완벽하지는 않았다. 그는 오역에 대해
경고한다('천성nature' 대신
'본질essence'로 읽어야 한다고). 그는
대리석 바닥 위에서 발을 움직인다.
그 현상학자는
핏빛의 붉은 발을 지녔다.
맨발, 열병에 걸린 듯이 흥분한.
하나의 공격.
그는 하이데거의 원과
헤겔의 원을 서로 맞서게 한다.
검푸른 대리석 위에서

---

[10] 벨기에의 도시로, 이곳 루뱅가톨릭대학교의 '후설 아카이브'에는 현상학의 창시자 에드문트 후설의 유고가 보관되어 있다.

그의 불그스레해진 발은
그리스도의 아름답고 하얀 발과 맞선다.
문제가 되는 것은,
루뱅에서 온 그 현상학자가 우리에게 말한다,
바로 잉여입니다. 다른
현상학자들은 점점 초조해진다.
"이히 빈 이히[11]라고
말하기란 너무 쉽습니다. 이 뜨거운 발이
그리스도의 차가운 발을 전제로 삼게 하기란
너무 쉬워요."

안나에게서 색을 빼앗기란 너무 쉽다.

그들은 담배를 피우며 휴식 시간을 갖는다.
모든 게 나아진다. 담배는
자연스러운 태도를 허락한다.
주관성의 극복이 가능할지도 모른다.
점심식사가 있을지도.
혹은 점심식사에 대한 심문이 있을지도.
그 어떤 붓질도

---

11 *Ich bin ich.* 독일어로 '나는 나다'를 뜻한다.

그저 시원하기만 할 수는 없다.
만일 그랬다면 우리는
더 많은 그림을 먹었을 것이다.

12

현상학자가 학자답게
엄밀한 의미에서 사용하는 언어에서
한 걸음 물러서면
현상학자가 점심식사 때 사용하는
언어가 나타난다.
개들과 안나는 저 아래서 (오후마다) 열기 때문에
서로의 목을 물어뜯는다.
만일 그저 약삭빠른 장사꾼이 아니라
진정한 철학자라면,
그 현상학자는 곧장
이 명제를 자신의 논증과
근본적이고 타당하게 연결 짓는
작업에 들어갈 것이다. 그 그림 속에서
그는 팔을 들어올려
검푸르게 칠해진

눈 덮인 하얀 테이블보 너머로

손을

뻗고 있다.

13

단체 초상화: 특별 주문이다.

나는 테이블에 둘러앉아

존재Being로 향하고 있는 철학자들을 그린다.

물병을 그리기가 어렵다. 나는

치마부에[12]가 고안한 색을 시도한다.

현상학자들은 포도주가 식초로 변하는 문제에 대해

변증법적으로 논의하는 중이다.

목의 구멍들(거무스름한 붉은색)을

표현하기 위해 나는

드라코 드라카에나 나무[13]의 수액(비싸지만

현상학자들의 요구 사항이었다)을 얻었는데

용의 피라고도 불리는 그것은, 중세 전설에

---

12 13세기 이탈리아 피렌체 출신의 화가이자 모자이크 작가.
13 *draco dracaena*. 용설란과의 관엽식물인 용혈수(龍血樹)를 가리킨다.

따르면, 원래
코끼리들과 용들의
장대한 전쟁중
대지에 스며들었다가
나중에 화가들에 의해
채취된 것이라고 한다.

14

파리에서 온 현상학자는 모기를 정말 싫어하는 나머지
수컷의 구애 소리를 모방해서
암컷 모기를 죽음으로 이끄는
작은 전자 기기를 들고 다닌다. 그리고
윙윙거리는 모깃소리를 막으려고 분홍색 이어플러그를
　끼다.
그가 서식스에서 온 현상학자와
앉아서 대화를 나누고 있을 때
모기 한 마리가 들어오는 모습이 목격된다.
영국인이 벌떡 일어나
외친다, "그 모기 기계를 씁시다!"
그러고는 그 기계로 모기를 벽에 쾅

내리친다. 이것이 바로
이곳에서 벌어질 앵글로 프랑스 변증법에서의
커다란 존재론적 의견 차이의
첫번째 징후다.

15

오늘 현상학자들은 서로의 길을 막고 있다.
그들은 기침을 하고, 연필을 떨어뜨린다.
"당신의 질문, 그건 참 훌륭한 질문이지만……"
그들은 미소를 짓는다.
"중요하죠."
그들은 손가락을 들어 가리킨다.
"아주 중요하죠."
애정이 허공을 맴돈다.
"하지만 음, 그 텍스트는 당신도 아주 잘 아는 것일 텐데……"
의자가 끌린다. "제 해석은 네 겹입니다……"
"두 겹이겠죠……"
"그런 과정에 있는……"
"저는, 야[14], 정반대라고 말씀드리고 싶군요……"

"그럴 수 있을까요?"

문이 쾅 닫힌다.

"그럴 수는 있겠지만, 그건 틀렸습니다."

웃음소리.

"그것에 대한 우리의 이해는 반드시……"

"예술로부터……"

"비역사적으로……"

"『슈피겔Spiegel』 인터뷰에서……"

종이가 떨어진다.

"번역을 부탁드려도 될까요?"

"제가 보기에는, 게시히테[15]의 게시히테……"

한 여자가 성냥을 요청한다.

"비극적이진 않고……"

"일종의 현상학적 목가牧歌랄까……"

"하이데거는, 야, 농부를 아주 좋아했죠……"

---

14 *ja*. 독일어로 '네'를 뜻한다.
15 *Geschichte*. 독일어로 '벌어진 일' '이야기' '역사' '역사학' 등을 뜻한다.

16

안나가 결혼하던 날
그녀의 아버지는 외국에서
그녀를 말리러 왔다.
양손에 돈을 잔뜩 쥔 채 교회 좌석 사이의 통로를 뛰어오자
모두가 돌아보았다.
예식이 끝난 후 두 사람은
다시 통로를 성큼성큼 걸어나오며 언쟁을 벌였고
신랑은 제단에 남겨졌는데
개 짖는 소리 때문에 그의 말은 들리지 않았다.
공식 초상화들 속에서도
누가 누구인지
나는 여전히 분간할 수가 없다.

(동전 묘사를 위해
화가는 녹청綠靑, 즉
구리 아세트산염을 사용한 듯한데
그것은 차갑고, 다소
푸르스름한 색조를 낸다
사프란을 섞어
진녹색에 가깝게 누그러뜨리지

않는 한.)

17

라로카 내부에
거울들을 설치하라고 명한 사람은 바로
일명 페루지노라고 불리는
여린 피에트로 반누치였다고
몇몇 현상학자들은 주장한다.
(일명 알리엔세[16]로 불린
바실라키였다고 말하는 사람들도 있지만
이는 사실일 가능성이 희박하다.)
그는 작업할 장소가 필요했다.
그는 도망칠 장소가 필요했다
거리에서 들려오는 말로부터 —
하루종일 들려오는 부오나로티[17], 부오나로티라는 말로
   부터.

---

16 *Alienese*. 이탈리아어로 '이방인' '외지인' 등을 뜻한다. 안토니오 바실라키(*Antonio Vassilacchi*)는 그리스계 베네치아 화가였기에 이런 별명이 붙었다.

17 *Buonarroti*. 화가 미켈란젤로의 성.

18

내가 바에서 이탈리아어를 연습하고 있었을 때
(모기들은 외국인의 눈을 무는 것을 선호한다)
안나가 들어왔다.
그 일은 내 기분을 불쾌하게 만들었다.
나는 그녀에게
눈을 뜬 채로 자라고 말하고는
산책하러 나갔다.
이히 빈 이히.

19

한 현상학자가 발작적으로 기침을 해댄다.
또다른 이는 텍스트의 한계를 주장하기 시작한다.
유의어 반복, 수수께끼가 가을처럼 바람에 불려온다.
존재물음[18]은 점점 초췌해져간다.
빗지 않은 머리. 거칠고 괴팍하게

---

[18] *Seinsfrage*. 하이데거의 『존재와 시간』에 등장하는 용어로, 기존 형이상학에서 '존재자란 무엇인가?'라고 물었던 것에 반해 '(존재자의) 존재란 무엇인가?'라고 묻는 것을 가리킨다.

눈을 비비며

그리스 신전을 보이게 만들려 애쓰는.

그것은 몸을 앞으로 구부리고; 자잘한 메모를 한다.

색은 색으로, 돌은 돌로.

작은 음절들이 그것에서 빠져나온다.

"문제가 되는 것은 바로 신성함이다."

그리스 신전들이 정육점이었다는 사실은

신경쓰지 말라. 문제가 되는 것은,

아시시를 방문하는 데 두 가지 방식이 있다는 사실이다.

하나는 순진한 방식이다.

그 방식은 조토[19]를 사랑한다. 즉,

한 존재는 자신을

다른 존재 앞에

놓으려는 경향이 있다. (단,

비밀 헤겔주의자들을 상대해야 할 경우는 예외다.

비밀 헤겔주의자는 자신을

헤겔 뒤에 놓으려 애쓸 것이다.)

즉,

하나는 둘에 앞선다. (물론,

---

19 13~14세기 이탈리아 피렌체 출신의 화가인 조토 디 본도네로, 아시시의 성 프란체스코 성당에 남긴 프레스코화 등으로 유명하다.

그 반대도 참이다.)
현상학자들 중 한 명은
자기 어머니를 세미나에
데려온 것 같다. (적어도,
그녀는 그 그림 속에 있다.)
양손을 무릎에 올린 채, 그녀는
발표자를 바라보고 있고, 우리에게
무한히 공손하다.

20

페루지노의 긴 눈에는 백연白鉛 분말.

21

르네상스 그림에서는
공간의 모든 점이 계산되어 있다.
여기 하나의 점이 있다,
안나,
비스바덴에서 온 현상학자와 담론하며

눈을 하늘로 향하는.
그들의 시선이 가닿는 한계 바로 바깥에
서서
나는 눈길을 왼쪽으로 미끄러뜨린다.

탈형이상학적 존재인
나는
그 살인에 대해 책임질 필요가 없을 것이다.

22

그 그림을 볼 때 당신은 소리를 보지 않는다.
밤새 짖는 소리, 그리고
바위 위로 쿵쿵
발을 구르는 소리.
길게 데인 것처럼 짖는 소리.
짖는 소리.
짖는 소리.
당신이 보는 것은 얼굴들이다.
페루자의 공작들,
죄로 가득한.

당신은 그들 각자가
왼쪽으로 눈길을 미끄러뜨리는 것을 본다.
안나 쪽으로.

페루지노의
창조물들의
긴 눈에는 백연 분말을.

23

움브리아의 순수한 선들은
열병이다.
그녀는 그것을 안다.
그녀는 내가 듣고 있다는 것을 안다.
그녀는 목소리를 낮춘다
짖는 소리보다 아주 조금 더
낮게.

24

도서관에서 강의 준비를 하다가
안나는 창턱 위에 전갈 한 마리가 있는 것을 목격한다.
그녀는 아침식사 공간으로 물러난다.
현상학자들은 그녀가 착각했다고 말한다.
"그건 전갈이 아니에요."
게다가, 그녀는 운이 좋았다고도 말한다.
"우리가 있는 곳은 이탈리아지, 북아프리카가 아닙니다
거기서 전갈에 쏘이는 건
치명적이죠."
마침내, 베를린의 후설 아카이브 책임자가
그녀와 함께 위층으로 올라가보기로 한다.
그는 놀라서 멈칫한다. "야$_{Ja}$, 정말 전갈이 있군요."
그는 잠시 말을 멈춘다.
그가 안나 쪽을 향한다. "실례지만 방에서 잠시 나가주실
   수 있을까요?"
그다음에 무슨 일이 일어났는지 우리는 알 수가 없다.
화가는
유색 흙을 사용해서
창턱의 흉한 얼룩을 담아냈다.

25

안나의 개들은 우리가 오기 전에 저 아래 핏속을 달리고 있었다.
안나의 개들은 15세기에 화가 나 있었다:
페루자의 공작들은 바위 안에 도시를 세웠다.
그런데도 그들의 귀에는 개 짖는 소리가 들렸다.
성벽 위에 줄지어 놓인 대포는
거울을 이용해 조준했다.
포탄은
개들은 빗맞혔고 교황은 맞혔다.
일련의 사건들이 이런 식으로 이어진다.
화가는
색을 섞는다. 안나의
아름답고 하얀 목이 없었다면
라 로카 내부를 그리기에
너무
어두웠을 것이다.

26

안나에 대해 두 가지 사실을 말해주겠다.
그녀는 춤추는 걸 좋아한다.
그녀는 용혈증溶血症이라는 심장의 결함을 안고 태어났는데
그로 인해 팔에
푸른 핏덩이가 내비친다. 그 상태가
고통스러운 것은 아니다.
그것은 그녀가 쌍둥이로 태어났어야 했다는 사실을
보여준다.
한 가지 더.
그녀는 자기 아버지를 죽였다.

27

16세기에는 선이 있었고 원근법이 있었다.

페루자에서 반누치는
부오나로티의 소문을 듣는다.
심지어 언덕까지 더운 여름.
7월, 그는 제자들을 해산시키고

피렌체로 향한다. 거대하고 어두운
머리와 운명적인 대화를
향하여. 어둑하게 덧문이 내려진
살롱. 붐빈다. 반누치, 부오나로티.
부오나로티, 반누치. 시뇨르.
마지못해 주고받는 칭찬.
원근법에 대한 의견 충돌.
고성. 더 커지는 고성.
B.는 결국 V.를 "서투른 화가
goffo nell'arte"라고 부르고 V.는
명예훼손죄로 소송을 제기한다.[20]
소송은 성과 없이 끝나고 말지만
그 굴욕감은 페루지노를 자극해서
파비나의 체르토사 수도원을 위한 걸작
〈성모와 성인들 Madonna e Santi〉을 탄생시킨다.
(라파엘로가 그 작품에 관여했다는
최근의 이야기는
사실일 가능성이 희박하다.)
라로카 내부에서는
문제가 더 단순했다.

---

[20] 'B.'는 부오나로티(*Bionarroti*)를, 'V.'는 반누치(*Vannucci*)를 가리킨다.

짖는 소리가 멈춰야만 했다.
그렇지 않으면
미쳐가는 사람들이 생겨날 테니까.

눈길이 왼쪽으로 미끄러진다.

28

또다른 남자의
수염이 그리는
선과
움직이는 입술을 따라
나는 그녀를 쳐다본다.
그 자유에 대해
착각하진 말도록 하자.
스스로 드러나는 선은 없다.
색 없는
붓질도 없다.
하지만 안나의 팔에 드러난
삼차원의
푸른 덩어리는

화가가 만들어낸 환영이다,

29

청금석에서
울트라마린[21]을 추출하는 방법은
13세기 이후에야 유럽에 알려졌다.
그전까지는 바다 너머에서 수입되었기에
그렇게 이름 붙여진 것이다. 울트라마린은
품질에 따라 여러 등급으로
유통되었고,
그중 최상품은 차가운 색조와 반짝임만으로
쉽게 알아볼 수 있다.

---

21 Ultramarine. '군청색'을 뜻한다. '바다 너머의' '바다 너머에서 온'을 뜻하는 라틴어 '울트라 마리누스(*ultra marinus*)'에서 유래한 명칭이다.

30

페루지노의 초기작 가운데 일부는
인제사티 수도원[22]의 수도사들을 위해 그린
방대한 프레스코화였다
(곧이어 벌어진 피렌체 포위 작전 때 파괴되었다).
인제사티 수도사들은
값비싼 울트라마린 안료를
불안해하며 그에게 조금씩만 내주었다.
붓을 끊임없이 헹구며
페루지노는
그 색을 몰래 비축했고
그러고는
그것을 수도원장에게 되돌려줌으로써
그의 인색함을 부끄럽게 만들었다.

31

라로카 위의 회랑에서는

22　*Ingesati*. '이 제수아티(*I Gesuati*)' 수도원을 가리킨다.

요즘 콘서트가 열린다.
창백한 초록빛의 죽은 그리스도가
첼리스트를 바라본다.
그러니까, 그는 첼리스트를
바라보는 것처럼 보인다.
사실, 성긴 속눈썹 아래로
그는 자신의 양팔을 살피고 있다
그 자체의 힘으로
앞으로 떠오르는 양팔을.
섬뜩하진 않다고, 그는 말하는 듯 보인다,
다만 지금 이 순간
주목해야 할 것이긴 하다고.

첼리스트는 긴장한
그리고 분명히 병든 남자다,
귀가 안 들리고 말도 못하는 개와 함께 다니는.
녀석은 이따금 사납게 짖는다(노란색)
아무 소리도 내지 않고서.

32

어젯밤 개들이
저 아래서 수탉 한 마리를 죽였다.
수탉은 미친듯이 한 번 울었다(검붉은색),
밤에 너무 일찍.

녀석들이 몸을 돌렸다.
녀석들이 몸을 돌리는 소리를 들을 수 있었다.

인기 있는 첼리스트가
인사하러 다시 나타날 때
관객의 박수가 몸을 돌리는
소리가 들리는 것처럼.

1504년의
어느 뜨거운 오후
페루지노가 미켈란젤로를 향해
걸어갔을 때
사람들이 고개를 돌리는 소리가 들렸던 것처럼.

세상의 끝을 헤매는 실성한 유아乳兒.

한 번의 외침.
그리도.[23]

33

보통 때라면,
현상학자들의 대화는
엿들을 가치가 없다. 하지만
오늘 안나의 말을 엿듣고서
나는 알게 되었다 — 다음엔 또 뭘까! —
그녀가 사춘기 시절에
수도원에서 5년의 세월을 보냈다는 걸.
"내가 냉담했던 거죠."
그러니까, 그녀는 그 일이
아버지의 마음을 아프게 했다는 사실을 알았지만
그래도 철학을 위한 시간을 원했다.
수녀들은 더 냉담했다.
그들은 보았다, 그녀가
저 뒤에서 조용히 움직이는 모습을

---

[23] *Grido*. 이탈리아어로 '외침' '비명' 등을 뜻한다.

소설 속 형이상학자처럼
안쪽을 힐끗거리며.
리베르타스 아드 페칸둠 에트 아드 논 페칸둠.[24]

눈길은 왼쪽으로.

34

수녀들이 안나에 대해 제기한
첫번째 문제는
그녀의 팔이었다.
그녀는 성흔을 흉내낸다는
의심을 받았다.

두번째로 그들은 그녀가 철학을 포기하길 바랐다.
그러니까, 철학을 잘하는 것을
포기하길.

---

24   *Libertas ad peccandum et ad non peccandum.* 라틴어로 '죄를 지을 자유와 죄를 짓지 않을 자유'를 뜻한다.

세번째는 그녀의 이름이었다.

35

"나에게 매달리지 마." 안나는 말한다.
"나의 조언을 원한다면
조금도 매달리지 마."
자유에 관한 수많은 논의 중 하나.
안나는 춤추러 간다
현상학자이자
군대 대위
(예비역)인
사람과 함께.
자신의 철학 수업을 듣는 학생들
(그가 "사병들"이라고 부르는 이들)이
춤추는 모습을 보자
그는 바 쪽으로 물러난다.
안나는 혼자서 즐겁게 춤춘다.
나는 춤추지 않는다.
개에게는 선택권이 있다.

"불평하면," 안나가 말한다,
"눈이 상해."
"나는 불평하는 게 아닌데."

그 프레스코화들은
밝은 부분이 어두워지는
심각한 손상을 입었다,
습기로
인해
백연이
화학적으로 변질된 탓에.

36

라로카 안에서 그들은 농담을 했다
식량이 다 떨어지면
개들을 사냥할 거라고.
그러다가, 만약
개들까지 다 떨어지면
서로를 사냥할 거라고.
그러고서 그들은 더이상 농담을 하지 않았다.

라로카 안에서는

오래된 해법이 논의된다.

오래된 범주가 모습을 환히 드러낸다.

37

"삶의 기쁨은 그것을 바꾸는 데 있다."

그녀의 날개가 희미하게 빛나며 접힌다.

그녀는 잠시 멈춘다

연둣빛 청동으로 된

에트루리아 소년 앞에서. 나뭇잎들이

그의 머리 위에서 무겁게 고개를 끄덕인다.

그는 내려다보다가, 막

알아차린다

자신의 양팔이, 그냥 그대로 두면,

발바닥까지

늘어진다는 걸.

그의 기쁨은 완전하다.

고고학 박물관*Museo Archeologico*의

벽과 무덤은 그래피티로 가득하다.

나는 안나라는 이름이
나타날 때마다 사진을 찍으며
시간을 보내다
직원에게 제지당한다

무엇을 바꾸라는 말인가?

38

수도원에서
안나는 헬레나라는
이름을 택했다. 수녀들은
만족했다(성 십자가의
수호자[25]).
그들에게 그것은 고통스러운 일이었다
그녀가 의도했던 게
트로이의 헬레네였음을 알게 됐을 때.
또한 순수함에 대한 사랑이었음을 알게 됐을 때.

---

[25] 로마 황제 콘스탄티누스 대제의 어머니이자, 골고다 언덕에서 예수가 못박힌 십자가를 발견한 성 헬레나를 가리킨다.

39

흥미로운 점은, 페루지노가
유화를 가장 먼저 시도한 이탈리아 화가들 중
한 명이라는 사실인데, 그는 유화를 통해
색조의 깊이와 매끄러움을 분명히 드러내
사람들의 입에 널리 오르내렸다.
원근법에서도
그는 2점 투시[26]라는
새로운 규칙을
적용했다.

40

범주에 넣는다categorize는 것은
공적으로 이름을 붙인다는 것을 뜻한다:
카테고리아κατηγορία
많은 현상학자들이
세미나의 첫머리에서 지적하듯이.

---

[26] 소실점이 두 개인 원근법을 가리킨다.

범주에 넣는다는 것은

명확하게 하는 것이다, 보통은.

하지만 늘 그런 것은 아니다.

이를테면, 신성한 불결함은

오래된 범주로서

오늘날의 학자들과

다른 자유로운 사람들을

고통스럽게 한다.

지금쯤 들려오는

하나의 끊임없는 울부짖음. 하나의 존재,

거칠게 잘려나간 끝에서 맞물려

저 아래서

하나의 형상으로

움직이는

날것의 소리들로 만들어진.

웃음소리처럼 환히 빛나고

피 냄새를 풍기는

소리 역시

또하나의 성가시고

오래된

범주다.

41

이른 아침에 구름처럼 피어오르는 연기
그리고 난간 아래서
비계秘計와 불쏘시개를 들고
이리저리 뛰어다니는 사람들.
나는 그들에게 말해줄 수도 있었다.
개들은 불타지 않는다고.
1509년
7월
라로카 바깥에 불길이 일었다.
저 아래서 개들이
불길 사이로 비틀거리며 지나가는 소리가 들려왔다.
열기와 잔혹한 태양과 열병에는
황토.
불길을 지나며
투명해진
살점을 위해
그는
은가루와
뼛가루 위에
망가니즈산염을 칠한다.

"그림은 과학이다" 페루지노는 외친다,
정신착란을 일으키며,
연기 속에서.

42

은박은
반드시 가죽 방석 위에서 칼로 자른 후
휘저어 정제한 달걀의 흰자위로 만든
글레어라고 불리는
묽은 접착제로
캔버스에 붙여야 한다.
이 기법은
이후에
윤을 내는 것을
허용하지 않는다.

43

화가가 작업하는 동안
그의 몸안에서는 기이한 교환 체계가
생겨난다. 접촉은
접촉으로, 은총은
은총으로.
살인이 스스로를 생각한다.
열병의 순수한 선들도 스스로를 생각한다.
화가는 설 자리를
선택하고
의식儀式은
비틀거리며 앞으로 나아간다.

44

"아닙니다."
"맞아요."
라로카 안에서는
오래된 변증법이
진행중이다.

"그녀는 무관해요."

"본질적이죠."

"그녀는 무고합니다."

"무고함은 필요조건이죠."

"당신은 과장하고 있어요."

"당신은 중언부언하고 있고요."

"그녀는 죄가 아닙니다."

"그녀는 죄를 그린 그림에 등장하죠."

"배경 깊숙한 곳에."

"한복판에 dead center."

45

죽은 그리스도 *Cristo morto*.

그것은 희생을 그린 그림이다.

희생자의 양팔이

이상하게

앞으로 빛난다.

그는 양팔을 바라본다,

눈을

내리깔면서,

죽음 속에서 졸려하지도,
아주 기뻐하지도 않은 채.

페루지노는 그 그림을 1509년에 그렸다,
피부 색조의 표현을 위해
사이프러스 수지에
웅황雄黃으로 알려진
황화비소를
섞어서.

무엇을 바꾸라는 말인가?

46

사랑받는 이의 순수함은
사랑하는 이를 짐승처럼 만든다.
기차에서 당신 뒷자리에 앉은
광인의 노래가
당신을 격분하게 하듯,
그 순수함의 아름다운
동물 같은 이빨은

그려진 검은 평면들 사이에서
빛난다.
헬레네가
역사를 격분하게 하듯.

센차 우시타.[27]

47

안나의 아버지는
제복의 아름다움에 끌려 입대했고
5년간 대위로 복무하면서
밤마다 몰래 산길을 넘어
안나의 어머니를 찾아갔다.
혈액 이상
진단을
받은 후에도
그는 자신이 원하는 방식대로 계속
살기로 했다.

---

27   *Senza uscita*. 이탈리아어로 '출구 없음'을 뜻한다.

"진탕 마시고, 깊이 사랑하고, 편히 쉬어야지,"
그는 그렇게 노래하곤 했다.
그는 점점 여위어갔다: 괴팍스럽게.
더 여위어갔다: 무시무시하게.
안나 앞에 모습을 드러내려 하지 않았다.
그녀는 아들을 낳았을 때
사진을 담아 편지를
보냈는데, 그 편지는
다음날 그의 시신 옆에서
발견되었다.
영향력 있는 숙모들이
안나에게 장거리 전화를 걸었다.
"네가 네 아버지를 죽인 거야."

48

학회 마지막 날 오후
현상학자들은 라로카를 방문한다.
그들은 놀란다
그런 관광 명소에
입장료가 없다는 사실에.

그러고는, 내부의 냉기에.
바위에 난 홈들이 15세기의
검붉은 공기를 그들에게 내뿜어
담뱃불을 붙이기 어렵게 만든다.
현상학자들은
통로에 모여
아침 세미나에서 다룬
현존재[28]의 한 쟁점을 두고
언쟁을 벌인다.
몇몇은 잘못된 문으로 나가서
갑작스러운 햇빛 속으로 굴러떨어진다.
브뤼셀에서 온
작은 몸집의 현상학자는
그곳에 대한 글을 써서
뉴욕의 한 출판사에 보낼 계획이다. 그는
큐레이터에게 거울에 대해,
비축물에 대해 간절히 묻고 싶어하지만,
그 질문은
이해되지 않는다.

---

[28] *Dasein*. 하이데거의 용어로, 『존재와 시간』에 따르면 '존재물음을 물을 수 있는 존재자' 혹은 '그의 존재에서 그 존재 자체가 문제가 되는 그러한 존재자'를 뜻한다.

(그녀는 그가
자신에게 그렇게 하이힐을 신고
라로카 안을 돌아다니기
어렵지 않느냐고
물어본 것으로
받아들인다.
그녀는 힘차게 동의한다. "에 디피칠레."[29])

49

아주 짙은 붉은색을 위해서는
황화수은인
진사辰砂를 사용하라.
12세기 이전까지
천연 진사가 유럽 대부분에
붉은 안료를 제공해주었다.
그 당시
수은과 황을 함께 가열해서
진사를 대량 생산하는 방법이

---

[29] *E difficile*. 이탈리아어로 '어렵죠'를 뜻한다.

발견된 것은

화가들뿐만 아니라

과학자들에게도

매우 중요한 사건이었다.

50

안나는 피 위에 세운 층계를 걸어

비행기로 올라간다. 뒤쪽을

돌아본다, 눈을 찡그리며(그녀는

우리와 함께 아시시로 여행을 떠났을 때

선글라스를 잃어버렸다. 그녀의 남편이

그녀에게 사준 것이었고, 그는

그녀가 그것을 잃어버릴 거라고

예견했었다).

나를 놓친다. 정오.

아스팔트 활주로 위의 패닝 샷, 그림자를 드리우지 않는.

열기는 순수한 움직임이다.

나는 그녀를 다시는 보지 못했다.

그 비행기는

밀라노 근처에서 폭파되었다

그것을 테러 사건으로 위장한

기자들에 의해.

일 미오 즈발리오.

일 미오 그리도.[30]

51

"안 됩니다." 페루지노가 말했다.

그의 주위로 어둠이 으르렁거렸다.

"안 되긴요." 페루자의 공작들이 말하고는

거대한 돌문을 끌어 움직이기 시작했다.

통로를 따라

그들이 그녀를 틈새로

몰고 가는 동안

고대의 행성들이 요란하게 남쪽으로 이동했다.

안나는 개들이 돌아서는 소리를

듣지 못했다.

30　*Il mio sbaglio. / Il mio grido.* 각각 이탈리아어로 '나의 실수'와 '나의 외침(비명)'을 뜻한다.

52

그런 의식이 치러진 것은 그때가 마지막이었다
페루자(고대 페루시아)의
대주교좌성당이 있는 그 도시에서,
움브리아의
전체 행정구역*compartimento*를 이루며
처녀자리와 사자자리의
영향 아래 놓인
페루자의
주도에서
(그런
영향으로 인해
그 도시는
몇몇 옛 문헌에서
상귀니아[31]로 불리게 되었고,
그곳 주민들은
전쟁에 능했고
생선을 즐겼으며

---

[31] *Sanguinia*. 라틴어 '*sanguis*(피)'에서 유래한 페루자의 별칭으로 '피의 도시'를 뜻한다.

유머러스한 화술을 구사했고

사치스럽지도,

여성의 매력에 무관심하지도 않았다).

53

소나무는 검은색,

사이프러스도 검은색,

생각하는 그리스도도 검은색.

하지만

우리에게 발견된 그녀의

뼈는 위에 은색을 문지른

흰색, 왜냐하면

그 뼈는

상처 속에서 형이상학자들처럼 서 있었기에

조용히,

피 한 방울 없이,

바깥을

힐끗거리며.

후기

이야기가 끝나면 침묵의 순간이 찾아온다. 그러고는 다시 말이 시작된다. 왜냐하면 당신은 늘 조금 더 알고 싶어 할 테니까. 딱히 이야기를 더 듣고 싶어서는 아니고. 그렇다고 딱히 해석을 바라서도 아니고. 그저 계속 이어나갈 무언가를 위해. 어쨌거나, 이야기는 끝나지만 당신은 남은 하루를 계속 살아가야 한다. 자세를 바꾸고, 시선을 들고, 다시 거리의 소음을 알아차리고, 어쩌면 담배를 사러 나가야 한다. 그런 생각이 들면 몸에 차가움이 퍼지기 시작한다; 하나의 소망이 생겨난다. 아마 당신이 알고 싶어 하는 것은 나에 대한 무언가인지도 모르겠다―당신에게 구체적인 질문이 있다는 것은 아니지만, 그래도 아무것도 없는 것보다는 나을 것이다. 나는 당신에게 와인 한잔을 따라주고, 이어서 창밖의 산 위에 아직 남아 있는 태양이나, 형용사에 대한 나의 이론이나, 과거에 저지른 몇몇 부끄러운 일들에 대해 들려줄 수 있을 것이고, 우리 중 누구도 아직은 떠나지 않아도 될 것이다.

    당신의 이 막연한 소망이 나를 얼마나 두렵게 하는지 당신은 모른다. 나는 처음부터 그것을 알고 있었고, 솔직히 말하자면, "베디아모"라고 말한 순간부터 그것을 여우 목도리처럼 목에 두르고 있었다. 그러고서 바로 나는 당신의 몸이 이야기를, 그리고 다른 무언가를 원하며 긴장하는 것을 느꼈다. 당신은 페이지마다 그것을 뒤쫓고, 응시하고, 몰래 접근했다. 그리하여 이제 우리는 여기에 이르렀다. 작은 주둥이들이 깨어나 물어뜯는다.

하지만 내게 말해줄 수 있겠는가, 이야기의 끝에서 한 발을 내딛는 일의 어떤 부분이 그토록 끔찍한 것인지? 끝이라고 불리는 자리로 응집되는 이 순간을 더 자세히 들여다보도록 하자. 지금까지 당신은 눈물을 가까스로 참아냈지만, 갑자기 마음이 무너져내린다. 그것은 당신이 안나를 사랑해서도, 나를 친구로 여겨서도, 당신 자신의 삶을 특히 혐오해서도 아니다. 하지만 무언가가 드러나는 순간과 가려지는 순간이 있고, 그것은 아주 빨리 일어나서 당신은 무언가를 놓치고 있는 듯하다. 그것은 거의 자물쇠 안에서 열쇠 돌아가는 소리를 듣는 것이나 마찬가지다. 당신은 문의 어느 쪽에 있는가? 당신은 알지 못한다. 나는 어느 쪽에 있는가? 당신에게 그것을 말해주는 것은 나의 몫이다—적어도 다른 용감하고 현명하며 고결한 사람들은 비슷한 상황에서 그렇게 해왔다. 이를테면, 소크라테스.

독약을 준 사람이 그에게 손을 얹었더니 잠시 후 그의 발과 다리를 살폈고, 그러고는 그의 발을 꼬집으며 감각이 있느냐고 물었습니다. 소크라테스는 "없다"고 말했습니다. 그러고는 그의 넓적다리를 꼬집었고, 이런 식으로 위로 올라가며 우리에게 그가 점점 차가워지면서 굳어가고 있음을 보여주었습니다. 그리고 다시 그를 만지더니 그것이 심장에 이르면 그가 세상을 떠나게 될 거라고 말했습니다. 차가움은 이제 거의 몸의 중간까지 이르렀고, 그는 자신을 가린 것을 벗기며—그의 머리는 덮여 있었거든요—말했습니다(그것이 그의 마지막 말이었습니다). "크리톤, 우리는 아스클레피오스에게 수탉 한 마리를 빚졌네: 잊지 말고 꼭 갚아주게." "그렇게 하지." 크리톤이 말했습니다. "그런데 다른 할말은 없는지 생각해보게." 소크라테스는 더 이상 아무런 대답도 하지 않았습니다. 시간이 조금 흘렀고; 그가 몸을 떨었습니다. 독약을 준 사람이 그를 가렸던 것을 벗겼는데, 그의 눈은 움직이지 않았습니다. 이를 본 크리톤은 그의 입을 다물게 해주고 눈을 감겨주었습니다.

―플라톤, 『파이돈』, 118

아스클레피오스에게 바치는 수탉 한 마리: 소크라테

스가 손님들을 바깥의 저녁 공기 속으로 안내하며 그들을 위해 길을 가리켜주는 손짓은 얼마나 공손한가(그들은 이미 술을 꽤 마신 상태다). 오늘날 우리는 그런 환대를 거의 알지 못한다. 그럼에도 당신을 이렇게 오랫동안 곁에 두고 보니, 나도 당신에게 줄 무언가가 있음을 깨닫는다. 당신이 바랐을 신비롭고 친밀하며 위안을 주는 정보가 아니라, 계속 이어나갈 무언가, 그리고 십중팔구 내가 해줄 수 있는 최선. 그것은 그저 단순한 사실이다, 당신이 계단을 내려가 어두운 거리를 걸을 때, 형상들을 볼 때, 결혼하거나 날카롭게 말하거나 기차를 기다릴 때, 상상하기 시작할 때, 모든 흔적을 바라볼 때, 그때마다 당신의 등뒤에 내 시선이 머물 거라는 단순한 사실.

3부

마을들의 삶

서문

마을은 사물들이, 이를테면 나의 서양배pear와 당신의 겨울이 어쩐지 서로 잘 들어맞는다는 환상이다.

나는 마을을 연구하는 학자다, 신께서 그 사실을 칭찬해주시길. 내가 하는 일을 설명하기란 매우 간단하다. 학자란 입장을 취하는 사람이다. 그 입장에서 보면, 어떤 선들이 보이기 시작한다. 당신은 처음에는 내가 직접 그 선들을 그리고 있다고 생각할 것이다; 사실은 그렇지 않다. 나는 그저 어디에 서야 거기 있는 선들이 보이는지 알 뿐이다. 그리고 신비한 일은, 정말로 신비한 일인데, 그 선들이 스스로 그려진다는 사실이다. 어떤 가장자리나 각이나 덕목도 없었을 때—그때 질문을 던질 사람이 누가 있었겠는가? 음, 주해에 휩쓸리진 말자. 학자란 자신의 관심을 당면한 문제에 한정시킬 줄 아는 사람이다.

선들 속에 스스로 그려진 물질이 하나의 마을을 이룬다. 이런 방식으로 보면 세상은 흔히 말하듯 한 권의 펼쳐진 책이다. 하지만 이문異文은 어떻게 봐야 할까? 이를테면 노자가 『도덕경』 23장에서 정의한 마을을 생각해보자.

도(道)에 종사하는 자는 도에 따르고, 덕에 종사하는 자는 덕에 따르며, 잃음에 종사하는 자는 잃음에 따른다. 도는 도에 따르는 자를 기꺼이 받아들이고, 덕은 덕에 따르는 자를 기꺼이 받아들이며, 잃음은 잃음에 따르는 자를 기꺼이 받아들인다.

한 사람이 자신을 넘어서거나, 자신이 선택한 방식으로 스스로와 만날 수 있는 이곳은 꽤 중요한 마을처럼 들린다. 하지만 또다른 학자(고[1])는 '노자의 마을'에 대해 다른 입장을 취한다. "이 장에서 '잃음loss, 失'으로 번역된 단어는 의미가 잘 통하지 않는다"고 고는 일깨워준다. "그 단어는 '하늘heaven, 天'을 잘못 옮긴 것일 가능성이 있다." 자, 이제 당신이나 내가 지금 살고 있는 곳을 떠나 그곳으로—'노자의 마을'이든 '고의 마을'이든—가려면, 우리는 어떤 세부 사항을 명확히 이해해야 한다. 이를테면 고의 어조를. 그는 안달하는가, 깊이 슬퍼하는가, 아니면 그저 익살맞은가? 당신이 이 문제에 대해 취하는 입장은 당신과 나를 분리시킬지도 모른다. 그리하여 마을들이 생겨날 것이다. 그러고는 학자들이.

나는 사소한 이야기를 하는 게 아니다. 당신은 그 분리

---

[1] 현대 중국의 고문자학자이자 고대문화사가인 고형(高亨)을 가리키는 듯하다.

때문에 죽을 수도 있다. 내가 그 분리를 당신에게서 질병처럼 빼앗지 않는다면. 만약 당신이 서양배와 겨울이 서로의 이문인 마을에 좌초된다면 어쩌겠는가? 당신은 겨울을 먹을 수 있는가? 그럴 수 없다. 당신은 얼어붙은 서양배 속에서 여섯 달 동안 살 수 있는가? 그럴 수 없다. 하지만 내가 아는 어떤 곳이 있는데, 그곳에서 당신은 서서 서양배와 겨울이 나란히 있는 모습을 보게 된다. 벽이 침묵 곁에 서 있는 것처럼. 당신은 스스로를 침묵으로 구두점처럼 찍을 수 있는가? 당신은 당신에게서 가장자리가 잘려나가 또다른 세계로—어떤 이들이 말하듯 진짜 공허 속으로—되돌아가는 것을 보게 될 것이다. 글쎄, 내가 보기에 우리는 멈춰버린 바람 속에 있는 사물들이다. 세상에는 규칙적인 마을과 불규칙적인 마을이 있고, 상처 입은 마을과 술에 취하지 않은 마을과 맹렬히 기억되는 마을이 있고, 쓸모없지만 계속 싸워나가는 열정적인 마을이 있고, 지붕에서 눈이 세차게 미끄러져내려서 사람을 죽이는 마을도 있지만, 텅 빈 마을은 없고(그저 텅 빈 학자만이 있을 뿐) 후회도 없다. 이제 몸을 움직이자.

사도使徒 마을

당신의 죽음 이후.

매일 바람이 불었다.

매일.

벽처럼 우리와 맞섰다.

우리는 나아갔다.

길을 따라서.

옆으로 서로에게 외치며 그래도 아무 소용 없었다.

우리 사이의.

공간은 단단해졌다 그것들은.

텅 빈 공간이지만 그럼에도 그것들.

은 단단하고 검다.

그리고 비통하다 마치.

여러 해 전.

당신이 알았던.

늙은 여인이.

아름다웠고 그녀 안의 신경이 궁전의 불길처럼 사방으로
  흘러넘쳤을 때.

그 여인의 치아 사이의 틈처럼.

다시 찾아온 봄 마을

"봄은 늘 예전 그대로지."
한 중국 노인이 말했다.
비가 창문을 타고 쏴 하고 흘러내렸다.
아득히 먼 곳에서 갈망이.
우리에게 와닿았다.

리어[1] 마을

종소리 떨어지는 종의 요란한 소리가.
종의 침묵에 앞선다.
광기가 겨울에.
앞서고 어린 시절이.
아버지에 앞서.
살육의 구멍으로 들어가듯.

---

[1] 셰익스피어의 희곡 『리어왕』에 등장하는 리어왕을 가리킨다.

물을 건너가는 밧세바[1] 마을

암스테르담의 어느 방 안.

렘브란트는 방울 안에 생명의 방울을.

그려넣었다 그는 렘브란트의 이방인을 그렸다.

벌거벗음으로 잔물결을 일으키는.

여자의 옷차림을 한 이방인을 그녀는.

손에 편지를 들고 있다 그녀는.

생각으로부터 우리를 향해.

여행하는 중이다.

그녀의 물거품이 그녀보다.

먼저 도착한다 심지어 그는.

렘브란트로서 렘브란트의 이방인을.

그릴 때조차 그를 어리둥절하고 헝클어진 모습으로.

나타낸다.

마치 길과 샛길을 다닌.

여행길에서.

---

[1] 구약성경에 등장하는 다윗왕의 부인이자 솔로몬왕의 어머니. 렘브란트는 〈목욕하는 밧세바〉 그림 세 점을 남겼고, 그중 한 점은 손에 다윗의 편지를 든 밧세바를 그린 것이다.

막 돌아온 사람처럼.

실비아[1] 마을

불태우는 자들과 굶기는 자들.
초록빛 4월이 찾아왔다.
그녀를 불태우고 굶기며.
뿌리처럼 뽑힌 눈알들이.
책상 위에 놓여 있다.

---

[1] 미국의 시인 실비아 플라스.

용의 정맥 마을

너무 일찍 일어났다면 귀기울여보라.

일종의 뒤집힌 휘파람소리에.

결국 어디서?

산에서 끌어낸 소리의 소리에 하지만.

밤이면 산은 그것을.

되돌려줘야만 한다.

밤마다 당신이 꾸는 꿈이.

시간.

속.

으로.

거꾸로 틀어지는 수도꼭지가 되는 것처럼.

에밀리[1] 마을

작은 방 안의 부$_富$.

는 그녀의 뇌리에서 떠나지 않는 구절.

당신이라는 광물이.

떠난 후로.

눈$_雪$도 도서관도.

전언을 들고 온

천사의 무리도.

그녀에게는.

그런 의미가.

아니다.

---

[1] 미국의 시인 에밀리 디킨슨.

늑대 마을

호랑이들이.

그것들을 죽이게 하라 곰들이.

그것들을 죽이게 하라 촌충과 회충과 사상충 들이.

그것들을 죽이게 하라 그것들이.

서로 죽이게 하라 호저의 가시가.

그것들을 죽이게 하라 연어 중독[1]이.

그것들을 죽이게 하라 그것들이 뼈에 혀를 베어 피 흘리다.

죽게 하라 그것들이.

얼어죽게 하라 독수리들이.

그것들을 새끼 때 낚아채게 하라 바람에 날려온 씨앗 하나가.

그것들의 귓구멍에 심어져 균형감각을 무너뜨리게 하라 그것들이.

매우 밝은 귀를 지니게 하라 그것들이 그래.

머리 위로 지나가는.

구름 소리를 듣게 하라.

---

[1] 출혈성 장염으로 병원체의 매개충이 기생한 연어 등을 날로 섭취하여 발생한다.

비현전화非現前化, Entegegenwärtigung 마을

나는 당신이 나를 뒤쫓는 소리를 들었다.
깃대를 뛰어넘는 사자처럼 그리고.
나는 건물들이 거리에서.
온통 한 번 흔들리는 걸 느꼈다 그리고 나는.
무릎을 꿇고 낮게 웅크렸다.
방 한가운데서.
뚫어져라 응시하며.
그러자 바늘땀이 터졌다.
당신이 지나갔다.

9월 마을

한 가지 두려움은.

캄캄한 구역에서 들려오는 매미 소리가.

어느 날 밤 내 머리를 종잇장처럼 납작하게.

짓눌러버릴 것이고 그러고도.

나는 평상시의 업무를.

망사문을.

고치고 오빠를 경찰로부터.

숨겨주는 일을.

해나가야 할 거란 것이다.

기억 마을

당신들을 한 명씩 그릴 때마다 당신들 안에서.
나는 찾아낸다.
방사성 물질이 묻힌 장소를.
8마일 아래면 충분하다고 생각하는가?
15마일?
140마일?

행운 마을

구덩이를 팠다.

그의 아이를 산 채로 묻기 위해.

그래서 늙은 어머니가 드실 음식을 살 수 있게.

어느 날.

남자는 황금을 캐냈다.

죽음 마을

오늘 내가 멈출 때마다.
그것의 소음이.

신의 사랑에 대해 알게 되는 마을

나는 실수를 저질렀다.
오늘 이전에.
이제 내 여행 가방은 준비되었고.
여행을 위한.
두 개의 삶은 달걀도 챙겨두었다.
내 두 눈이.
있던 자리에.
잔가지를 싣고 가는.
물살처럼.
흐느낌이 나를.
당신에게 들리게 만들었다.

푸시킨[1] 마을

그곳에는 규칙이 있다.

그리고 사랑이.

그리고 첫번째 규칙은.

우연을 사랑하라는 것.

당신의 몇몇 말들은 그곳에서 광석일 가능성이 매우 크다.

혹은 우리 눈이 잉걸불이 되어 있을 무렵에는 광석이 되어 있을 것이다.

---

[1] 러시아의 시인이자 소설가인 알렉산드르 푸시킨.

신의 숲을 지나는 길에 있는 마을

내게 말해줘.
당신은 본 적이 있는지.
나무 하나하나가 하나의 단어이자 한때.
볼리비아 위에 뜬 한 점의 구름이었고.
산들이 한 칸의 낡은 화물열차 안에 한때.
몸을 웅크리고 있던 시절 신의 숲을 뜻하는.
그 단어를.

밤의 마음속 남자 마을

4시.

25분 전.

검은.

달의 짤랑이는 소리가 스쳐간다.

그 소리는.

그것을.

깨뜨린다.

밤의.

칼날을 얇은 껍질.

처럼.

부러지는 잔가지 소리 마을

그들의 얼굴은 칼 같다고 나는 생각했다.
그들이 나에게 얼굴을 겨누고.
기다리는 모습에.
사냥꾼이란 사냥감의 소리에.
몹시 귀기울인 나머지 사냥감이.
사냥꾼의 손에서 무기를 빼앗아 스스로를.
찌르게 만드는 사람이다.

사랑 마을

그녀가 뛰어들어왔다.
젖은 옥수수.
땋은 노란 머리.
목 아래로 늘어뜨린.

죄의 죽음 마을

죄란 무엇이지?
당신은 물었다.
달이 우리를 찌르듯 지나갔고.
갑자기 나는 당신이 죄를 툭.
떨구고 숲 위로 불어가는 바람처럼 캄캄해지는.
모습을 보았다.

들어본 적이 있는 마을

"아무데도 없는 곳의 한가운데."[1]

어디일까.

그곳은?

아늑하고 고요하겠지.

토끼 한 마리.

깡충깡충 뛰어가는.

스토브 위에는.

아무것도 없고.

---

[1] In the middle of nowhere. '아무도 없는 외진 곳'을 뜻하는 관용적 표현.

사막 마을

현자가 사막에서.

돌아왔을 때.

그는 제자들을 다시 참새처럼.

빨랫줄 위에 받쳐 세웠다.

몇몇은 절망에 빠져 있었고 이는 그를 어리둥절하게 했다.

그가 자기 심장을 굽던.

사막에는.

그림자도 없고 위아래도 없어 그들이 얼마나.

자신에게 의지하는지 알 길이 없었다 한 소년이.

그의 품안에서 죽었다.

그는 생각했다 돌아온다는 건.

매우 값비싼 일이라고.

그는 순응하기 시작했다.

이 세상의 잘라내는.

방식에 그의 내면에서 불길이 으르렁대며.

치솟았다 그의 뼈는 이제 액체가 되어 있었고 그는 보았다.

자기 앞에.

기다림말고는.

아무것도 기다리고 있지 않음을.

횔덜린[1] 마을

홀로 애도하다니 당신은 미친 게 분명하다.
우물은 모두 말라버렸는데.
밑바닥에는 별빛이 누워 있다.
한 조각의 소리처럼.
무대 소품들이 당신을 휙 스쳐날아간다.

---

[1] 독일의 시인 프리드리히 횔덜린.

정오 더미stack 마을.

미디.[1]

미디.

미디.

미디.

미디.

---

1 midi. '정오'를 뜻하는 프랑스어.

그레타 가르보[1] 마을

나의 우상이 떠나자 내 등이.
부러졌다 내 다리가 부러졌다 하늘의.
구름들이 부서졌다 소리들이.
부서졌다 내가.
듣고 있던 지금도 들리는.

---

1 스웨덴 출신의 미국 영화배우.

기울어진 사랑 마을
(하지만 모든 사랑은 기울어진 것)

그가 나를 사랑했다면 나를 봤겠지.
위층 창가에서 창문에 이마를 부딪치고 있는 내 모습을.

발굴 마을

늙은 어머니의 손가락이 어둠을 뚫고 내려와.
내게서 나의 작고 마른 영혼을 뜯어낸다 두개골 뒤에서.
맞닿는 나의 작고 하얀.
웃음을.

유랑하는 마을

신 외에 다른 신은.

없다¹ 신은 저녁 산책을.

나선다 아우성치는 듯한.

잎사귀와 몸서리치는 숲에서.

곡식들이 어두워진다 황금빛.

심장들이 부서지기라도 할 것처럼.

---

1 There is no God but. / God. 보통 '알라 외에 다른 신은 없다(There is no god but God)'로 번역되는 이슬람의 샤하다(신앙고백) 첫 구절.

토머스[1] 마을

손에 손을 잡고서도 그의 마음속에는.
다른 생각이 뒤따르지 않는 생각이.
떠오른 적이 한 번도 없었다.

---

1 예수의 열두 제자 중 한 사람으로, 처음에는 모든 일에 대해 회의적이었으나 예수의 부활을 보고 확실한 믿음을 갖게 된 '도마'를 가리키는 듯하다.

1인 마을

오늘은 마그리트[1] 날씨야 막스.

에른스트[2]가 말했다 바위에 머리를 들이받으며.

---

1 벨기에 출신의 초현실주의 화가 르네 마그리트를 가리킨다.
2 독일 출신의 화가이자 조각가로 초현실주의의 대표자 중 하나인 막스 에른스트.

관용 마을

황금잔 1개 여자 2명.

황금그릇 1개 여자 1명.

황금그릇 1개 여자 1명.

황금잔 1개 여자 1명.

황금술잔 1개 남자 1명.

황금그릇 1개 남자 1명.

황금잔 1개 여자 1명.

황금잔 1개.

유다 마을

늦은 시각이 아니었다 불 꺼진 열쇠도 아니었다.
올리브나무도 아니었다 자물쇠도 아니었다 심장도 아니었다.
달도 아니었다 어두운 숲도 아니었다.
한입의 음식도 아니었다 나도 아니었다.

신부新婦 마을

안에 사람의 몸이 들어 있지 않은 외투처럼.
검은 햇빛에 매달려.
있었다 어느 춥고 환한.
정오에 요구자가 나를 기다리고 있었다.

작은 한입 마을

화살도 없는데 어떻게?
알 수 있을까 내가.
과녁을 맞췄는지 그가 말했다.
활시위로.
입이 찢어지도록 미소 지으며.

프로이트 마을

악마는 말한다 나는 나 자신의.
끼워지지 않은 창문이라고 악마는.
말한다 누구도 거기 앉지.
않는다고 누구도 등불을 켜지.
않는다고 악마는.
말한다 바깥에서 한 번만 힐끗.
보면 효과가 있다고 효과가.
있다고 악마는.
말한다 이 냄새를 맡아보라고 악마는 말한다.
앙상한 뼈 악마는 말한다 정신은.
낯선 손님이라고 나는 말한다.
악마가 안에 있는 악마보다 더 오래 살았다고.[1]

---

[1] 원문 "Devil outlived devil in"은 'Devil out outlived devil in', 즉 '외부의 악마가 내면의 악마보다 더 오래 살았다'로 읽히기도 한다.

내가 당신에게 작별을 고하는 마을

보라 천 개의 파란 천 개의 하얀.
천 개의 파란 천 개의 하얀 천 개의.
파란 천 개의 하얀 천 개의 파란 천 개의.
하얀 천 개의 파란 바람과 두 팔이 오늘
길을 따라 불어가네.

4부

물의 인류학

잠수:
「물의 인류학」 서문 — 163

목마름:
'여러 종류의 물' 서문 — 166

여러 종류의 물:
콤포스텔라로 가는 길에 대한 에세이 — 173

정말 비좁은:
'그저 스릴을 위해' 서문 — 269

그저 스릴을 위해:
여자와 남자의 차이에 대한 에세이 — 275

소원을 들어주는 보석:
'물의 가장자리' 서문 — 357

물의 가장자리:
오빠의 수영에 대한 에세이 — 361

잠수:
「물의 인류학」 서문

나는 허위적 존재다.

— 카프카

물은 당신이 붙잡을 수 없는 무언가다. 남자들이 그러하듯. 나는 시도해보았다. 아버지, 오빠, 연인, 진실한 친구들, 굶주린 유령들과 신, 그 모두가 하나씩 차례대로 내 손을 빠져나갔다. 어쩌면 당연한 일인지도 모르겠다— 인류학자들이 이질적인 문화와의 마주침에서 '정상적인 위험'이라고 부르는 게 바로 그것인지도. 내게 위험에 대해 처음 알려준 사람은 한 인류학자였다. 그는 그런 문제에 관해 이야기할 때 (이를테면) 발견보다는 마주침이라는 말을 사용하는 것이 중요하다고 강조했다. "그것을 차이로 생각해보세요." 그는 말했다. "당신이 믿고 싶은 것을 믿는 것과 증명할 수 있는 것을 믿는 것 사이의 차이로 말이에요." 나는 그 문제에 대해 생각해보았다. "나는 아무것도 믿고 싶지 않은걸요." 나는 말했다. (하지만 거짓말이었다.) "그리고 증명할 것도 전혀 없고요." (또 거짓말.) "나는 그저 세상을 여행하다가 멈춰 서서 하늘 아래 있는 것에 주목하고 싶어요." (이 말은, 아닌 게 아니라 진실이다.) 잔인하게도 이 시점에서 그는 자신이 공부했던, 진짜 처녀와 가짜 처녀가 물의 시련을 통해 식별되는 문화를 언급했다. 온전한 처녀는 깊은 물 속으로 잠수하는 기술을 익힐 테지만, 사랑을 경험한 여자는 익사할 것이었다. "나는 진짜와 가짜에 관심이 없어요." 나는 말했고 (마지막 거짓말) 우리는 침묵에 잠겼다.

인류학은 쌍방을 모두 놀라게 하는 학문이다. 나는 그에게 몇몇 질문을 던지고 싶었지만, 이를테면 천국과 지옥의 차이에 대해 말해줄 수 있는지 묻고 싶었지만 그러지 않았다. 대신 나는 그에게 다나오스의 딸들에 대해 말해주고 있었다. 다나오스는 고대 그리스 신화의 영웅으로, 그에게는 쉰 명의 딸이 있었다. 그들은 아버지를 아주 많이 사랑해서, 아버지 몸의 일부나 마찬가지일 정도였다. 다나오스가 잠결에 뒤척이면 그들은 자신의 비좁은 침대에서 깨어나곤 했다; 어둠 속을 응시하며. 그러다가 결혼할 시기가 찾아왔다. 다나오스는 쉰 명의 신랑을 찾아냈다. 그러고는 날짜를 정했다. 그는 결혼식을 거행했다. 그리고 결혼식 날 밤 자정, 쉰 개의 침실 문이 탁 닫혔다. 그러고는 끔찍한 마주침이 일어났다. 다나오스의 딸 마흔아홉 명이 각각 허벅다리 옆에서 칼을 뽑아 들고는 자기 신랑을 찔러 죽였다.

여자들의 이 전형적인 범죄에 대해 신들은 모범적인 처벌을 내렸다. 다나오스의 살인범 딸 마흔아홉 명은 지옥으로 보내져 거름체로 영원히 물을 긷는 저주를 받았다.

하지만 그래, 그들 중에는 칼을 뽑지 않은 딸 한 명이 있었다. 그녀에게 일어난 일은 아직 발견되지 않았다. 옷을 챙겨 입으라, 물이 깊다.

목마름:
'여러 종류의 물' 서문

만물은 물이다.

                (고대 철학자 탈레스가 어느 날 밤
                  우물에 빠졌을 때 내뱉은 문장)

헤엄쳐서 유럽을 건널 생각을 하고는 친구 막스와 함께 강을 하나씩 헤엄치기로 계획한 사람은 카프카였던 것 같다. 불행히도 그의 건강은 그럴 만큼 좋지 못했다. 그래서 대신 그는 수영을 한 번도 배운 적이 없는 남자에 대한 우화를 쓰기 시작했다. 어느 서늘한 가을날 저녁, 고향에 돌아온 남자는 자신이 올림픽 배영에서 거둔 승리로 갈채를 받고 있다는 사실을 알게 된다. 중심가 한가운데에는 연단이 설치되어 있었다. 그는 경계하며 연단에 오르기 시작한다. 해질녘의 마지막 햇살이 그의 눈을 정면으로 때리며 그를 눈멀게 한다. 소도시 공무원들이 앞으로 들고나온 화환이 수영 선수의 머리에 닿는 순간 우화는 갑자기 중단된다.

  나는 카프카의 우화에 등장하는 인물들을 좋아한다.

그들은 가장 단순한 질문도 던질 줄 모른다. 그에 반해 당신과 나에게 그 질문은 (아버지의 표현을 따르자면) 물속의 문™처럼 명백해 보일 것이다.

스페인으로 떠나기 전에 아버지를 방문했다. 아버지는 병원에서 지내시는데, 몸과 정신의 일부를 사용할 수 없게 되었기 때문이다. 아버지는 하루 대부분을 의자에 앉아 양손으로 양팔을 움켜쥔 채 보낸다. 결박된 가슴을 앞뒤로 약하게 밀면서. 커다랗고 붉은 눈은 늘 움직이며 이것저것에 시선을 쏟는다. 나는 아버지 옆에 끌어다놓은 의자에 앉아서 가슴을 앞뒤로 약하게 민다. 아버지의 입에서는 음절들이 줄줄 흘러나온다. 아버지는 평생 조용한 사람이었다. 하지만 치매는 아버지 내면의 어떤 활력을 해방시켰고, 아버지는 신경학자들이 '말의 샐러드'[1]라고 부르는 언어로 끊임없이 옹알댄다. 나는 아버지의 얼굴을 쳐다본다. 나는 "네, 아버지"라고 말하며 공백을 채운다. 얼마나 진실한가, 마치 그게 대화라도 된다는 듯이. 나는 내가 "네, 아버지"라고 말하는 소리를 듣기 싫다. 싫어하지 않기란 어려운 일이다. 가슴을 앞뒤로. 갑자기 아버지가 움직임을 멈추더니 고개를 내 쪽으로 돌린다. 나는 몸이 경직되는 것을 느낀다. 아버지는 뚫어지게 응시

---

[1]   word salad. 치매 환자 등이 일관성 없이 단편적으로 내뱉는 말.

하고 있다. 나는 의자에 앉은 채로 몸을 조금 뒤로 뺀다. 그러자 갑자기 아버지가 으르렁거리는 듯한 소리와 함께 다시 고개를 돌린다. 아버지가 하는 말은 나에게 하는 게 아니다. "죽을 가능성은 50 대 50, 어쩌면 40 대 40이겠지." 아버지가 단조로운 목소리로 말한다.

나는 그 문장이 사라진 부족처럼 더듬거리며 내게로 다가오는 것을 지켜본다. 치매란 그런 것이다. 내가 던질 수 있는 몇몇 단순한 질문이 있다. 이를테면, 아버지 그게 무슨 뜻이에요? 혹은, 아버지 나머지 20퍼센트는 어쩌고요? 혹은, 아버지 부엌 식탁에 함께 앉아 차가운 베이컨을 우적우적 씹으며 서로의 침묵에 귀를 기울이던 그 많은 세월 동안 대체 무슨 생각을 하고 계셨던 거죠? 식탁 위 벽에 걸린 부엌 시계가 째깍거리는 소리가 아직도 귓가에 울린다. "네." 나는 말한다.

아버지가 제정신을 잃기 시작했을 때 어머니와 나는 그저 딴청만 부렸다. 우리는 페도라를 쓰고 아침식사를 하는 사람에게 익숙해질 수 있다. 우리는 무엇에든 익숙해질 수 있다, 어머니는 습관적으로 그렇게 말씀하셨다. 나는 아침에 점점 더 일찍 일어나기 시작했다. 새벽쯤 아침 산책에서 돌아온 나는 아이처럼 해맑은 얼굴의 아버지가 파자마와 모자 차림으로 서서 어두운 부엌을 향해 "저녁식사는 아직 멀었나?" 하고 속삭이는 모습을 발견하곤 했다. 혼란이 분노로 바뀌기 전의 일이다. 치매는 처음에는 유쾌하게 느껴지기도 한다. 어느 날 저녁 내가 샐러드를 만들고 있었을 때 아버지가 부엌으로 들어왔다. "네 상추lettuce의 글자letters가 아주 크구나." 아버지가 나직이 말하고는 지나갔다. 뒤쪽에서 낄낄거리는 깊은 웃음소리가 떠밀려왔다. 어떤 날에는 양손에 얼굴을 파묻은 채 앉아 있는 아버지를 보기도 했다. 나는 방을 떠났다. 밤늦게 나는 옆방에서 아버지가 이리저리 왔다갔다하며 계속 무언가를 말하는 소리를 들었다. 아버지는 자신을 저주하고 있었다. 벽 너머로 그 소리가 들려왔다. 인간의 것이 아닌 소리가. 그날 밤 나는 옷걸이로 복부 수술을 받는 꿈을 꾸었다. 나는 수면용 귀마개를 구입했다.

  하지만 나는 치매에 대해 알아야 할 가장 중요한 사실, 즉 치매가 제정신과 함께 간다는 사실을 알아가고 있었다. 갑자기 쾅 닫히는 문은 없다. 아버지는 늘 은밀한 사람이었다. 이제 아버지의 정신은 누구도 들어가거나 그 길을 물을 수 없는 성스러운 영역이 되어 있었다. 아버지는 늘 살짝 성마른 성격이었다. 이제 아버지의 기분은 우리가 한 손을 수평으로 뻗은 채 조심스레 발을 내딛는 지뢰밭이 되어 있었다. 아버지는 늘 무질서를 싫어했다. 이제 아버지는 하루종일 종잇조각 위로 허리를 숙인 채 자신을 위해 메모를 적어서 책이나 옷에 감추고는 그 즉시 잊어버렸다. 우리는 그것들을 추적하려 애쓰지 않았는데, 이는 아버지를 더 화나게 했다. "여름이 땅속으로 가라앉는 기분이로구나." 어느 날 저녁 어머니가 말했다. 우리는 뒤뜰에 앉아 있었다. 아버지는 몇 시냐고 묻고는 안으로 들어가서 그것을 적었다. 그때는 아직 5시밖에 안 되었지만, 어머니는 6시라고 말했다. 아버지가 종이에 6을 쓰며 한 시간 정도를 보내고는 6시가 저녁 시간임을 깨닫고 아무 문제 없이 식탁으로 오길 바라며. 미친 사람과 사는 일, 즉 미친 세상을 힐끗 들여다보고 그게 어떻게 작동하는지 갑자기 깨닫는 일은 소소한 천재적 행동을 많이 요구한다—헬렌 켈러가 "물!"이라고 외치는 순간과는 정반대로.[2] 어머니는 그 일에 능숙해졌다. 나는 그렇지 않았다. 나는 속죄를 위한 고행penance에 관심을 갖게 되었다.

다들 아버지에 관해 질문을 던질 때는 상냥하게 굴도록 하자.

아버지가 미치고서야 나는 내가 아버지를 늘 화나게 했었다는 사실을 깨닫기 시작했다. 왜 그랬는지는 결코 알 수 없었다. 나는 묻지 않았다. 대신 나는 수심을 재

---

[2] 헬렌 켈러의 스승 앤 설리번은 헬렌의 손에 차가운 물을 흐르게 하는 동시에 다른 손에 'W-A-T-E-R'을 철자하는 방법을 통해 일종의 촉각 언어를 가르쳤고, 이를 통해 헬렌이 "물(water)!"이라고 외친 순간은 그녀의 삶에서 큰 전환점이 되었다.

는 법을 배웠다—우물의 깊이를 확인하는 누군가처럼. 돌멩이를 던지고는 귀를 기울인다. 공백을 기다렸다가 "네"라고 말한다.

　나는 단단히 고정된 사람이었다. 나는 난관에 부딪힌 상태였다. 무언가가 부서져야만 했다. 나는 「나는 나 자신의 끼워지지 않은 창문이다」라는 시를 썼다(아버지는 그 시를 부엌 식탁 위에서 발견하고는 쓰레기 버리는 날 금요일이라는 말을 연필로 마흔 번이나 쉰 번쯤 뒤덮듯이 써놓았다). 나는 기도하고 단식했다. 나는 신비주의자들에 관한 글을 읽었다. 나는 순교자들에 관해 공부했다. 나는 내가 신에 목말라하는 누군가라고 생각하기 시작했다. 그러다가 한 남자를 만났고 그는 내게 콤포스텔라로 떠나는 순례에 관해 말해주었다.

　그는 질문을 제대로 던질 줄 아는 경건한 사람이었다. "인생을 떠나지 않고 어떻게 인생을 볼 수 있겠어?" 그는 내게 말했다. 고행이 더 흥미롭게 보이기 시작했다. 아주 먼 옛날부터 물이 목마름으로 여행을 떠나듯 질문이 대답으로 여행을 떠날 수 있다는 믿음하에 여기저기서 순례가 행해져왔다. 전 세계 기독교 국가에서 가장 신성한 순례는 '콤포스텔라로 가는 길'이라고 불린다—프랑스 쪽 피레네산맥에 있는 생장피에드포르에서 스페인 갈리시아 지방의 서부 연안 도시 콤포스텔라까지 이어지는 언덕과 별과 사막의 850킬로미터 길. 순례자들은 9세기부터 이 길을 걸어왔다. 그들은 콤포스텔라에 성 야고보 사도가 묻혀 있으며, 그가 방문객이 찾아오는 것을 좋아한다고 말한다. 아닌 게 아니라, 간청하러 콤포스텔라로 가는 것은 순례객의 전통이다; 우리는 성 야고보에게 우리 인생을 변화시켜달라고 부탁할 수 있다. 나는 딱히 어떤 성별을 지니지 않은 젊고 강하고 인색한 사람이었다―이 모두가 순례에 유리한 특성이었다. 그리하여 나는 초록빛 땅 위 거세게 몰아치는 늦봄의 바람 속으로 출발했다.

  가장 단순한 질문을 찾는 일, 그러니까 가장 명백한 사실, 누구도 닫지 않을 문을 찾는 일이 내가 생각하는 인류학이다. 나는 강한 영혼이었다. 두고 봐 나는 모든 것을 변화시킬 거야, 모든 의미를! 나는 생각했다. 나는 배낭에 양말, 휴대용 물통, 연필, 공책 세 권을 챙겼다. 지도는 가져가지 않았는데, 어차피 읽을 줄도 모르니까―왜 흐르는 물에 인장을 찍는단 말인가? 결국 여행의 유일한 규칙은 이것이다, 왔던 길로 되돌아가지 마라. 새로운 길로 가라.

여러 종류의 물:
콤포스텔라로 가는 길에 대한 에세이

생장피에드포르 **6월 20일**

다행인 것은, 유리잔이 물을 마시기
위한 것임을 우리가 안다는 사실이다

―마차도[1]

론세스바예스의 입구 발치에서 작은 마을이 몸을 씻는다. 저녁에 산에서 뇌우가 내려온다. 불덩이가 마을 전체에 우르릉거린다. 공기는 푸른 과일처럼 갈라진다. 내가 묵는 호텔 방 창문 아래로는 상당히 큰 폭포가 딸린 강(니브강[2])이 흐른다. 아래를 바라보니 폭포 가장자리에서 어두운 형체 하나가 강한 물살에 이리저리 부딪히고 있다. 그것은 물에 빠진 개처럼 보인다. 그것은 물에 빠진 개다. 그리고 나는 서서 불타오르는 정신으로 아래를 바

---

1 스페인의 시인 안토니오 마차도.
2 *La Nive*. 피레네 산중의 급류.

라보고 있다. 개의 존재를 알아차린 사람은 아무도 없다. 내가 그것에 대해 말해야 할까? 나는 **물에 빠짐**을 뜻하는 단어를 알지 못한다. 나는 아주 오래된 결례를 저지르기 직전인 걸까? 호텔 바의 테라스에서는 웨이터들이 오가며 허리를 깊이 숙여 포타주[3]를 서빙하고 있다. 그들 아래로 한 길 되는 곳에서 어두운 몸뚱이가 철썩철썩 부딪히고 있다. 물이 쏜살같이 내달리는 폭포 발치에서 어부 한 명이 그 위로 낚싯줄을 던진다. 그런 일들에 무슨 의미가 있는 걸까? 나는 불편한 잠과 힘겨운 탈것과 함께하며 여러 세기와 나라를 지나왔지만, 손에 의미의 조각들을 들고 서서 그것들을 바라봐도 여전히 그 의미를 알지 못한다. 아주 오래된 폭포의 바위 턱에 익사한 개의 조각상이라도 있는 걸까? 나는 지켜보다 지나친다, 시간이 지나간다. 나의 정신은 웃음거리다. 저녁이 내린다, 그 형체는 여전히 거기 있다. 어부는 사라졌고, 웨이터들은 테라스에서 테이블보를 털고 있다. 다른 사람들이 알고 있는 것은 무엇일까?

순례자들은 훌륭한 수수께끼를 사랑한 사람들이다.

---

[3] 체에 거른 야채, 생선, 고기, 곡식 따위의 여러 가지 재료로 진하게 끓인 수프.

생장피에드포르에서   **6월 21일**

이윽고 돌아선 그들은 희미한 방울소리와 함께 떠나가기 시작했다. 멀어져가는 그들의 형체를 보자 간아미는 전날 저녁 그들이 여관 주인과 함께 열심히 연습하던 순례가 한 구절이 떠올랐다.

> 바라건대 우리가 떠나는 먼길이
> 훌륭한 불법을 꽃피우는
> 절로 이어지길.
>
> —다니자키[1]

밤새 비가 내렸다. 우리는 호텔 테라스에 앉아서 커피를 마시고 있다. 아침이 우리 위로 반짝인다. 나는 개를 바라본다. 흠뻑 젖은 한쪽 발$_{paw}$이 바위 턱 위로 올라와 앞뒤로 흔들리고 있고, 그 주위로 물이 흘러간다. 나와 함께 여행하는 남자는 그것을 흐릿하게 응시한다: "아!" 그

---

[1] 일본의 소설가 다니자키 준이치로. 인용문은 장편소설 『여뀌 먹는 벌레』의 일부이다.

러고는 다시 빵을 먹는다. 그는 순례의 역사적 측면에 더 관심이 많다. 이를테면 순례자들은 전통적으로 자애로운 사람들이었고 다른 순례자에게 벗어 보이며 경의를 표할 수 있게 챙이 넓은 모자를 썼다. 나와 함께 여행하는 남자는 직접 시범을 보인다. 그를 '나의 시드'[2]라고 불러야겠다. 그것은 스토리텔링의 속도를 더 빠르게 한다. 게다가 그는 유명한 시[3]에서 말하듯 "행복한 시기에 태어난" 사람이다. 당신은 여행이 진행되는 동안 이를 알게 될 것이다, 위험을 빠져나가며 상처에도 미소 짓는 그의 모습을 보게 될 것이다. 어쩌면 나는―아니, 그는 나를 기다리고 있는지도 모른다. 나는 대략 폭포 쪽을 향해 모자를 벗어 경의를 표하고, 우리는 자리를 뜬다. 이제 이 행운을 지켜보시라.

오후가 되자 날이 어두워지고 언덕에서 천둥이 내려온다. 이윽고 우리는 스페인에 있다. 우리가 들른 바에는 밀려든 사람들, 작은 잔에 담긴 커피가 있다. 나는 모자로 테이블을 훔친다: 손 paw에서는 여전히 물이 뚝뚝 떨어진다.

---

[2] 중세 스페인의 영웅 엘시드(*El Cid*)를 상기시키는 이름이다.
[3] 현존하는 가장 오래된 스페인 문학작품인 『엘시드의 노래』를 가리킨다. 『엘시드의 노래』의 원제는 '*El Cantar de Mío Cid*', 즉 '나의 시드의 노래'이다.

순례자는 언제 거름체 같은가? 그가 체질해 거를[4] 때.

---

4 riddle. '수수께기를 풀다' '수수께끼 같은 말을 하다'를 뜻하기도 한다.

부르게테　　　　　　　　　　　　　　　　　**6월 22일**

> 지난밤의 폭우는
> 한 방울도 기억하지
> 못하는 듯
> 참외는 미동도 없네
>
> ─소도[1]

부르게테의 작은 호텔은 물로 만들어져 있다. 바깥에서는 밤새 비가 흐른다. 지붕은 비를 쏟고, 홈통은 개구리와 달팽이와 함께 떠다닌다. 당신은 나를 보지 못할 것이다─나는 어둠 속에 누워서 귀를 기울이고 있다, 소용돌이치며. 호텔 벽은 물로 가득차 있다. 배관은 우르릉거리며 물을 흘려보낸다. 건물의 심장부에 박힌 물시계는 커다란 빗방울로 우리의 시간을 잰다. 벽에서는 바퀴와 기어가 돌아가고, 연인들의 으르렁거림이 천장 위로 밀려오며, 계단은 울음의 수로水路다. 아래에서 한 남자가 꿈꾸는 소리가 들린다. 그가 외친다, 깊은 협곡이 바다로 이어

---

[1] 일본 에도시대의 하이쿠 시인 야마구치 소도.

져 가장자리로 돌진한다고. 우리를 익사하지 않게 해주는 메커니즘은 아주 연약하다: 그런데도 왜 하필 우리인가?

    아침에 호텔은 어둡고, 생명의 흔적은 없으며, 커피 냄새도 나지 않는다. 사람이 없는 홀에서 째깍거리는 오래된 시계. 텅 빈 식당, 내려진 셔터, 유리에 달라붙은 냅킨. 아침이 표류한다. 나는 부엌을 가만히 들여다본다: 교회처럼 조용하다. 모두가 밤새 씻겨 내려가버렸다. 우리는 홀의 테이블에 돈을 쌓아두고 아침식사도 하지 않은 채, 나의 고국에서 말하듯, 지체없이! 떠난다. 바깥은 조용하다, 거리는 용해되고 있고, 먼 언덕은 줄무늬 모양으로 흘러내린다. 우리는 서쪽으로 스며들 듯 서서히 이동한다.

순례자들은 걸으면서 문제에 대한 답을 알아낸 사람들이었다. 길 위에서 당신은 앞으로 생각할 수 있고, 뒤로도 생각할 수 있으며, 기억할 것들의 목록을 만들었다가 집에 돌아가 그것들을 말해줄 수도 있다.

팜플로나로　　　　　　　　　　　　**6월 23일**

가부키에 나오는 명랑한 순례자처럼 차려입은 가냘픈 오히사와 그녀 옆에서 방울을 울리고 순례가를 부르면서 순례지를 옮겨다닐 노인의 모습을 생각하면, 간아미는 약간의 질투를 느끼지 않을 수 없었다. 노인은 자신의 오락거리를 잘 골랐다. 간아미가 듣기로 오사카의 풍류인들 사이에서는 좋아하는 게이샤를 순례자처럼 입히고 그녀와 함께 매년 아와지를 도는 일이 드물지 않다고 했다. 그 생각에 푹 빠진 노인은 올해를 시작으로 그 일을 연례행사로 만들겠노라고 선언했다. 햇볕에 타는 걸 늘 두려워하는 오히사는 그보다 덜 신난 모습이었다. "가사가 어떻게 되죠? '우리는 하치켄야에서 하룻밤을 보내네'였나요? 하치켄야는 어디 있는 곳입니까?"[1]

　　　　　　　　　　　　　　　　　　—다니자키

어떤 종류의 물은 우리를 익사시킨다. 어떤 종류의 물은

---

[1] 장편소설 『여뀌 먹는 벌레』의 일부.

그러지 않는다. 내가 걷는 동안 내 등의 물병이 동반자처럼 찰랑대는 소리를 낸다. 내 안에 고인 생각의 웅덩이가 이리저리 기운다. 소크라테스는 목욕을 마친 후 유유히 감방으로 돌아와서 독미나리 독약을 마셨다. 다른 사람들은 울었다. 그의 주위로 백조들이 헤엄쳐왔다. 그리고 그는 다가올 여행에 대해, 도무지 이해할 수 없는 그들의 눈물에서 멀리 떨어진 미지의 장소로 떠나는 여행에 대해 말하기 시작했다. 사람들은 실제로 서로에 대해 아주 조금밖에 이해하지 못한다. 가끔 내가 말하면 나의 시드는 무언가(지도상의 어느 도시?)를 찾기라도 하듯 내 얼굴을 아주 골똘히 쳐다본다, 마치 어느 별에서 굴러떨어지기라도 한 사람처럼. 하지만 그는 자신을 이질적인 존재로 느끼지 않는다—절대로, 내 생각에는 그렇다. 그는 자신의 마음, 즉 희망이라는 작은 나라에 산다. 소크라테스처럼 그는 왜 여행이 마음의 근육에, 다른 사람들에게 그토록 도전이 되는지 이해하지 못한다. 길굽이를 돌 때마다 황금의 도시가 나온다, 그렇지 않은가?

나는 아니라고, 아마도 그렇지 않다고 생각하는 종류의 사람이다. 그리고 우리는 나란히 서로 다른 나라를 걷는다.

순례자들은 체계적인 유배를 당한 사람들이었다.

푸엔테라레이나 6월 24일

> 정말 불확실하고 알 수 없는 세상
> 정말 불확실하고 알 수 없는 세상
> 누가 알겠는가—우리의 슬픔이
> 우리의 가장 큰 희망을 담고 있을는지.
>
> — 제아미[1]

다리는 떠난 사람들이—몇 날, 이제 몇 날 밤이나 전에?—모이는 만남의 장소다. 속으로는 불안한 마음들. 프랑스와 스페인과 이탈리아 등지에서 출발해 콤포스텔라로 향하는 모든 순례자가 만난 곳은 중세 도시 푸엔테라레이나에 있는 아르가강의 건널목이었다. 물론 그 당시에는 건널목이 없었지만. 뱃사공들이 강을 정기적으로 왕복했다—그중 대다수는 전혀 정직하지 않은, 순례자들을 이용해 먹은 비열한 암살자였다! 어떤 종류의 물은 우리를 익사시킨다. 사악한 뱃사공들은 수많은 순례자를 물에 빠뜨려 죽였다. 그러자 관대한 조치가 취해졌다.

---

[1] 일본의 전통 예능 노(能)를 집대성한 무로마치 시대 인물로 예론서의 저자.

스페인의 여왕은 곤경에 처한 순례자들을 동정하게 되었다. 그녀는 그 문제에 대해 생각을 좀 해보았다. 어떻게 하면 그들을 보호할 수 있을까? 다리를 세우면 어떨까! 아랫면이 금빛 그림자로 도금된, 아름답고 괴이하며 열쇠 구멍이 뚫린 구조물(사진). 곁눈질로 그것을 본 그녀는 미소를 지었다: 오늘날까지도 그 다리의 표지판에는 쿠르바 펠리그로사CURVA PELIGROSA라고 적혀 있다. 치명적인 경사. 플라타너스 사이에는 별이 있었고[2] 그녀의 눈 속에도 별이 있었다. 다리 위에는 노래하는 순례자들이 있었다. 그곳에는 더 악랄한 범죄자가 된 뱃사공들이 있었다. 바로 그런 게 인간적 노력이 이룬 균형 상태다.

순례자들은 궁금해하고 또 궁금해한 사람들이었다. 이제 나는 누구를 만나야 하나?

---

[2] 플라타너스 열매는 별 모양이다.

에스테야 **6월 25일**

> 바퀴가 삐거덕거리는 마차처럼
> 마지못해 기어가듯 나아가며 우리는
> 수도에서 시작된 여행을 이어나가네
>
> — 제아미

나바르에서의 어두운 아침마다 가파르고 윗면이 납작한 언덕들이 무리 지어 솟아오른다. 흰 구름들이 이빨처럼 그것들을 깨문다. 나의 나라도 이제 아침이다, 그들은 커피를 준비하고 있다, 그들은 검은 빵을 꺼내고 있다. 이곳에서는 아무도 검은 빵을 먹지 않는다. 스페인 빵은 길가에 놓인 돌멩이와 똑같은 색깔이다—금색. 정말이다, 나는 가끔 돌멩이를 빵으로 착각한다. 순례자들의 굶주림은 흥미로운 현상이다.

그 길 자체는 고대의 순례자들이 걸으며 만들어졌다. 각각은 돌멩이를 지니고 다니며 그것을 제자리에 놓았다. 사진으로도 분명히 알 수 있듯이, 이 돌멩이들은 대체로 딱 좋은 크기였다. 터벅터벅 걷는 동안 순례자들은 그 돌멩이가 빵덩어리인 양 굴곤 했고, 기운을 북돋우기 위해 빵이나, 그들과 나란히 가는 바위에 대한 노래를 불렀다. 노 메 마테스 콘 토마테, 마타메 콘 바칼라오!¹ 어떤 밤이면 지금도 술집에서 이 노래를 들을 수 있다. 나를 토마토로 죽이지 마, 대구로 죽여! 솟아올라 우리의 마음을 뒤덮는 순간들 속에서 우리가 익사하지 않게 해주는 것은 무엇일까?

순례자들은 단순한 조리법을 사용한 사람들이었다.

---

1 *No me mates con tomate, mátame con bacalao.* 직역하면 '나를 토마토로 죽이지 마, 대구로 죽여'라는 뜻으로, '믿을 수 없어' '말도 안 돼' 등을 뜻하는 스페인어 표현.

나헤라로   **6월 27일**

>이쿠타의 작은 들판에서
>우리는 어린 양배추 잎을 따네
>너무나 유쾌한 광경에
>여행자가 가던 길 멈추고 바라보네
>어리석어라! 이 모든 질문 따위
>
>―간아미[1]

밤새 내리는 비. 호텔 손님은 나의 시드와 내가 전부. 그런데도 새벽 직전에 누군가가 계단을 내려오더니 우리 방을 지나 욕조로 들어갔다. 수도꼭지와 다른 장치들이 내는 커다란 소음. 거친 기침 소리. 나는 잠들었고, 깨어났을 때 그는 사라지고 없었다. 광장에 가보니 술집과 가게는 이미 문을 열었다, 놀랍기도 하지. 우리는 블러드 오렌지를 사서 재빨리 먹어치운다. 질문 안에서 깨어나면 때는 이미 늦었다. 우리가 지나는 동안 성당 계단에서 장미 꽃잎이 날리고, 출입구의 얼굴들에는 희미한 후회의

---

[1] 일본 무로마치 시대의 노 배우이자 작가로, 제아미의 아버지다.

빛이 감돈다. 누군가가 마을을 깨웠다, 나는 아니다. 누군가가 소유되었다가 상실되었다, 귀중한 누군가가. 세상을 아는 데는 두 가지 방식이 있는가—순종적인 방식과 게걸스러운 방식이? 그 둘은 결국 대략 같은 결론에 이르게 된다.

순례자들은 거주민을 귀찮게 하지 않으려 애쓰는 사람들이었다.

나헤라 **6월 28일**

구름 속에 떠가는 달

작고 잘 익은

수박 하나

꾸고 싶어라

—시키[1]

우리는 메세타[2]의 가장자리를 따라 이동하고 있다. 언덕은 더 거칠고, 층층 비탈로 되어 있으며, 푸른 풀 사이로 붉은 흙이 화상火傷처럼 모습을 드러낸다. 지평선 위로 작은 나무들이 대못처럼 늘어서 있다. 전투로 그늘진 깊은 숲은 더이상 없다. 롤랑[3]의 눈에서 불어오는 긴 바람도 더이상 없다.

지평선을 따라 늘어선 저 불확실성(사진)이 보이는

---

1 일본의 하이쿠 시인 마사오카 시키.

2 *Meseta*. 스페인어로 '고원'을 뜻하는 말.

3 중세 유럽 문학에서 샤를마뉴의 12기사 중 수좌로 등장하는 인물로, 에스파냐에 원정한 롤랑이 양아버지의 배신으로 전사한다는 이야기인 『롤랑의 노래』로도 유명하다.

가? 비는 내리지 않는다. 레온의 평원 위로 보이는 저것은 아지랑이다.

물은 갈수록 더 적어지고, 또 적어진다.

나헤라에는 나바르의 왕들이 묻혀 있다. 그들은 길고 서늘한 무덤에 수생식물처럼 누워 있다. 믿음으로 가득하지만 다소 은밀해 보이는 바위 얼굴들, 입술에 난 특징적인 흔적: 칼로 오렌지 껍질을 벗기는 남자가 낸 첫번째 상처처럼, 일직선으로 길게 벤 자국. 당신도 알다시피 나의 시드는 먹는 건 금방이지만 껍질을 벗기는 속도는 느린, 블러드 오렌지라 불리는 얼룩덜룩한 종류를 선호한다. 칼을 닦으며 그는 이야기 하나를 떠올린다. 옛날에 프랑스에서부터 쭉 순무를 들고 온 순례자가 있었다. 딱 좋은 크기의 순무였다. 그는 콤포스텔라 외곽의 마지막 언덕에서 동료 순례자들에게 그것을 대접해서 잠시 그들의 마음을 사로잡을 생각이었다. 그가 언덕 꼭대기에 오른 바로 그 순간 도둑들이 그의 머리를 박살냈다. 그 선한 사람의 이름은 전해 내려오지 않았지만, 그 언덕은 아직도 거기 있으며 몬테델고소[4]라고 불린다. 어쩌면 당신이 있는 곳에서도 보일지 모르겠다. 기쁨의 산. 나의 시드는 이런 옛날이야기를 놀랄 만큼 잘한다. 그는 서로 다른 크기

---

4 *Monte del Gozo*. '기쁨의 산'이라는 뜻의 스페인어.

의 오렌지를 자를 두 개의 칼을 지니고 있다.

순례자들은 칼을 들고 다녀도 사용할 기회는 좀처럼 없는 사람들이었다.

산토도밍고데라칼사다   6월 29일

길을 따라 당신을 기다렸네, 정말로—
조용히, 조용히, 홀로 걸으며
하지만 오늘도 어둠이 내리네

—겐세이[1]

카스티야로 들어서면서 우리가 걷는 길 양옆으로 송수로와 다른 현대적 관개 시설이 따라오는데, 물이 점점 더 부족해지기 때문이다. 붉은 용암으로 만든 페이스트리처럼 눈에 보이는 층으로 이루어진 바위들이 솟아오른다. 들판은 더이상 어둡거나 숲과 바싹 붙어 가장자리를 이루고 있지 않고, 대신 황토색과 호박색과 붉은색 구역으로 나뉜 채 시야 아래로 쭉 펼쳐져 있다. 아홉 달간의 겨울, 석 달간의 지옥은 메세타의 기후를 설명하는 유명한 표현이다. 나바르에서 내내 그랬던 것과는 달리, 이곳에는 바람 속에서 마구 물결치는 암녹색 밀이 없다. 바람은 전혀 불지 않는다. 저 냄새는 빛이다, 금방이라도 우리에게

---

[1] 일본 가마쿠라 시대의 승려 시인.

떨어질. 레온의 평원에 하루 더 가까워졌다.

우리는 가슴에서 터져나오는 물로 살아간다.

나의 시드는 열기를 사랑하며 무척 고양되어 있다. 그는 좀처럼 갈증을 느끼는 법이 없다. "나는 사막에서 태어났어." 하루에 두 번, 식사 시간에 그는 와인을 잔뜩 마신다, 계속해서 저절로 비워지는 와인 잔을 다정하고도 놀랍게 응시하며. 그는 점점 더 무거워져간다, 흠뻑 젖은 빵 조각처럼, 혹은 꿈꾸는 듯 부유하며 내 손가락 사이로 빠져나가 수조 아래로 더욱더 깊이 내려가다가 마치 나를 알아보기라도 한 것처럼, 하지만 실제로는 알아보지 못한 채 이따금 내 쪽으로 몸을 돌려 지느러미로 흐릿한 동작을 해보이는 물고기처럼—금빛 그림자가 그 위로 잠깐 반짝이다가 손이 닿지 않는 곳으로 사라진다. 이 남자는 누구인가? 나는 모르겠다. 지켜보면 지켜볼수록 더더욱 모르겠다. 우리는 여기서 무엇을 하고 있으며, 우리의 마음은 왜 보이지 않는 것인가? 한번은 지난겨울에 그의 부엌 식탁에서 순례 계획을 짜고 있을 때 그가 내게 말했다. "음, 그럼 너는 뭐가 두려운afraid 건데?" 나는 아무 말도 하지 않았다. "아무것도." 대답은 아니었다. 당신이라면 뭐라고 대답하겠는가?

우리는 우리가 마음이라는 덫으로 물을 잡아둠으로써 살아간다고 생각한다. 코헤르 엔 운 트람파Coger en un trampa

는 '덫으로 잡다'를 뜻하는 스페인어 관용구다. 코헤르 포르 엘 부엔 카미노Coger por el buen camino는 동일한 동사로 이루어진 또다른 관용구다; 그것은 '올바른 길로 들어서다'를 뜻한다. 그럼에도 덫으로 잡는 것이 꼭 올바른 길로 들어서는 것이라고는 말할 수 없다.

    유감스럽게도afraid 나는 이걸 할 만큼 당신을 사랑하진 않는 것 같다.

순례자들은 정확한 동사를 사용한 사람들이었다.

비야마요르델리오 6월 30일

> 나의 보잘것없는 오랜 삶을 되돌아보니 한번은 영지를 다스리는 관직을 탐내던 때가 떠오르고, 또 한번은 나 자신을 수도원의 울타리 안에 가두길 열망하던 때도 떠오른다. 그럼에도 나는 바람 속의 구름처럼 아무 목적 없이 계속 돌아다녔다. (…) 이 세상에 실체 없는 거처는 없다고 믿기 때문이다. 이 시점에서 나는 줄줄이 이어지는 생각을 관두고 잠자리에 들었다.
>
> —바쇼[1]

비야마요르델리오 타운이라는 말은, 나의 시드가 보기에 세 가지 면에서 거짓이다. "그곳은 타운이 아니야, 크지도 않고 강도 없잖아." 그 의견은 옳다. 그럼에도 우리는 점심을 먹고, 점심을 먹으며 대화를 나눈다—그가 믿지 않는 행위에 관해. 나는 대화를 따라가며 그가 믿는 이론의 윤곽을 그려보려 하지만, 이론은 내가 그 자리에서 받아적지 않으면 머릿속으로 들어오지 않는다. 대신 나는

---

[1] 일본의 대표적 하이쿠 시인인 마츠오 바쇼.

꿈을 꾸는 듯한 그의 희미한 미소를 쳐다보고 있었다. 그 미소는 수족관에 채워지는 물처럼 그의 내면에서 얼굴 위로 떠올랐다, 그가 신에 대해 이야기할 때. 왜냐하면 행위에 대한 그의 이야기들은(우리는 한 가지 이상의 이야기를 나누었다) 모두 신에 대한 설명, 깊은 불안에 빠진 연인에 대한 설명이었으므로.

   나는 사진을 찍어두었어야 했다. 행위 이론은 이해하기 어렵고, 나는 그의 인생을 어렴풋이만 안다―이를테면 그는 집에서 자기가 먹을 빵을 직접 만든다(토요일 아침에, 아주 훌륭한 빵이다). 그는 (한번은) 신부가 될 생각을 했었다. 그는 콘서트 무대에서 경력을 쌓아 나갈 수도 있었지만, 대신 다이닝 룸에 (붉은) 하프시코드를 설치했다. 비야마요르델리오에서 하프시코드는 언급되지 않는다. 내가 당신에게 이 이야기를 하는 이유는 대화가 여행이며, 그것에 가치를 부여하는 것은 두려움이기 때문이다. 당신은 대화를 나누었기 때문에 여행을 이해하게 되는 것이지, 여행으로 인해 대화를 이해하게 되는 것이 아니다. 언어 내면에 존재하는 두려움은 무엇인가? 몸이 일으키는 그 어떤 사고도 그것이 불타오르는 것을 멈추게 하지 못한다.

부르고스로　　　　　　　　　　　　　　**7월 2일**

그는 뭘 하나—

옆집 남자는

늦가을에 자기 집에서?

—바쇼

"이곳 땅은 정말 여위었네!" 바람이 몰아치는 부르고스의 고원을 오르는 길고 추운 여정을 시작하며 그가 시에서 인용한 문장을 읊는다. 구불구불한 산 오르막길은 춥다. 마치 우리가 적이라도 되는 것처럼—혹은, 이곳에는 우리가 오르는 길과 이제 높이가 같아진 우듬지의 새집 밖으로 나와 길 위를 돌아다니는 작은 새들이 있는데, 우리가 그 새들이라도 되는 것처럼—우리를 향해 으르렁거리며 날아오는 바람이 부는 숲은 춥고, 그곳에는 우리 말고는 아무도 없다. 이야기를 나누기에는 바람소리가 너무 크다. 그가 앞서서 걸어간다, 전방을 주시하며.

부르고스시市에는 엘시드 자신이 누워 있다—히메나[1] 옆

1　엘시드의 아내인 히메나 디아스.

에서 그는 영원한 대화 속에 잠들어 있다. 그들은 1921년부터 부르고스 대성당의 익랑翼廊[2] 아래에 누워 있었고, 그전에는 1835년부터 부르고스 묘지에 누워 있었으며, 그전에는 부르고스 성벽 밖의 산페드로 수도원에 7백 년 동안 누워 있었다. 이제 그녀는 그가 무슨 말을 할지 전부 알고 있을 게 분명하다. 그럼에도 그녀는 그의 입과 그의 얼굴에 달린 눈에 입을 맞춘다, 그녀는 그의 손, 그의 진실, 그의 골수에 입을 맞춘다. 연인들이 나누는 대화란 무엇인가? 보통의 대화와 비교했을 때, 그것은 돌멩이와 비교된 빵이나 마찬가지다. 마음이 어지러워진다. 그것은 내가 지금까지 찍으려 애쓴 것 가운데 가장 찍기 어려운 사진이다: 비계 위로, 손을 번갈아 움직이며 올라가는 그들은 작은 첨탑들이 있는 바깥에 이른다, 그들이 바람 속에서 황새의 둥지를 피해가며 난간을 넓게 움켜잡고서는 까마득한 아래로 태엽 장치의 그림자가 내려다보이는 작은 도시 너머로 몸을 기대는 동안, 붉은 돛처럼 펄럭이는 그녀의 머리카락. 한 차례 비명이 터져나왔다가 골짜기 아래로 넘어가며 잠잠해진다. 사라졌다. 그녀가 무어인의 관습에 따라 그의 어깨에 입을 맞춘다. 그들은 서로를 바라본다. 그들은 빛을 들여다본다. 그들은 뛰어내린다.

---

[2] 십자형 교회당에서 본당과 부속 건물을 이어주는 공간.

내가 그 대화를 몹시 탐낸다는 데는 의문의 여지가 없다. 내가 굶주린 사람이라는 데는 의문의 여지가 없다. 그 식욕이 무엇인지 알아내기 위해 내가 이 여행을 하고 있다는 사실에는 의문의 여지가 없다. 그리고 나는 그 식욕에서 자유로운 그를 본다, 그저 다리의 반대편으로 건너가기라도 한 사람 같은 그의 모습을, 나는 그의 내면에서 신비로운 어떤 빛줄기처럼 자유로워진 욕망을 본다. 이제 내게 진실을 말해보라, 당신이라면 그 순간에 이르러 그 다리를 건너겠는가? 그리고, 빵을 포기하겠다는 중대한 결심을 한다면, 그 결심은 당신을 어디로 데려갈까? 당신은 내가 두려워하는 게 무엇인지 안다. 어느 날 밤 나는 꿈에서 그런 세상을 보았다. 나는 달나라의 수면 위로 노를 저었고 그곳에는 바람도, 순간들도 없었는데, 달나라는 눈의 안쪽만큼이나 텅 비어 있고 그곳에서는 그림자가 지는 소리조차 들려오지 않기 때문이다. 굶주림과 고요가 당신을 신에게 인도할 수 있다고 내가 말해주길 당신이 원한다는 것을 알고 있고, 그러니 그렇게 말할 테지만, 나는 잠에서 깨고 말았다. 손톱이 살에서 떨어지듯 나는 잠에서 깨어났고, 나는 혼자였다.

내 앞으로 내가 빵에 대해, 신에 대해, 연인들의 대화에 관해 알고 싶어하는 것을 아는 남자가 걸어가고 있다. 그렇지만 눈앞에서 오르내리는 그의 발꿈치를 쳐다보며,

길을 탁탁 치는 그의 순례자 지팡이의 리듬에 따라 내 발을 단단히 디디며 몇 마일을 걸어가는 동안 일어나는 흰 먼지가 매번 내딛는 왼발, 오른발, 왼발을 가릴 뿐이다.

순례자는 언제 알파벳의 한 글자 같은가? 그가 비명을 지를 때.

부르고스에서　　　　　　　　　　　　　　　　**7월 3일**

이제 나는 불타는 집으로 돌아가지만
내가 살던 곳은 어디란 말인가?

—간아미

강변에 늘어선 어두운 플라타너스 가로수길을 따라 추운 부르고스를 떠나는 일은 아름답다. 물위로 흰색이 떠다닌다. 강굽이에 물새 한 마리가 길고 차가운 외다리로 서 있다. 녀석이 시선을 돌린다. 아디오스. 기쁘고 용감하게 우리는 나아간다—얼마나 놀라운가. 우리의 원래 계획에 따르면 부르고스는 우리에게 나흘 정도 호사를 누리며 회복하는 주요한 휴식처가 되었을 것이었다. 대신 우리는 바지를 꿰매고 모자에 새 끈을 묶을 정도의 시간 동안만 머무른다. 구름을 움직이는 바람이 잠을 뚫고 들어와 우리를 부른다: 우리는 너무 일찍 일어나 서로를 쳐다보고는 다시 출발한다. 우리 모두가 지평선에 중독된다는 것은, 순례자들과 이런 여행하는 삶에 대한 다른 이론가들 사이에서 공공연한 비밀이다. 그것에는 가속도가 붙는 걷기, 굶주림, 길, 더없이 호화로운—그 어떤 도시보다 더 문명화된—생각의 빈 그릇이 있다. 심지어 1130년에 출간된 가장 이른 『순례자 안내서』도 목적지에 이르고도 차마 멈추지 못하는 순례자의 딜레마에 관해 언급하고 있다. 하지만 그것이 나의 질문은 아니다, 현재로서는.

당신도 알다시피 나의 질문은 순례자들의 전통과 관련된 것이다. 동물들은 서로 올라탄다. 동물들은 덫에 걸리듯 식물과 덩굴손에 붙잡힌다. 이는 순례길에서 마주치는 부조 작품과 다른 예술 작품에서 반복적으로 보이는 듯한 두 가지의 모티프다. 징후들은 피부 안에서 들려오는 목소리처럼 우리에게 주어진다, 그것이 나의 질문이다. 징후들은 우리의 미덕을 가리킨다. 나는 이 남자와 내가 어째서 서로 올라타는지, 어째서 덫에 걸렸는지 묻고 싶은데, 그것이 종래의 방식을 따르지 않기 때문이다. 우리는 호텔에서 객실을 따로 잡는다. 육욕적 관심은 결여되어 있다. 그럼에도 덩굴손은 결여되어 있지 않다. 순례자는 뭔가 꾸미고 있는 사람이다. 그것은 무엇일까? 순례자는 발을 속박하는 덩굴손과 다른 것들에 대해 어떤 태도를 보여야 할지 생각해내는 사람이다, 그것은 어떤 태도여야 할까? 그것들이 자라나자마자 나의 예리한 순례자 칼로 잘라버리기? 혹은 그것들을 소중히 여기며 그것들의 분투를 도울 온갖 종류의 물방울을 비축하기? 사랑은 이 도보 여행에 내재하는 불가사의다. 그것은 길 위에서 개처럼 우리를 앞서 달려가다가 사진 밖으로 나가버린다.

카스트로헤리스로 7월 4일

> 나는 삼을 꼬며
> 아무런 쓸모도 없는 실을 잣네
> 떨어지는 눈물방울은
> 실에 꿸 구슬이 아니니
>
> —쓰라유키[1]

우리는 사방으로 끝없이 뻗어 하늘까지 이르는 밀밭을 몇 시간이고 걷는다. 언덕들이 낮아진다. 지평선이 납작해진다. 우리가 메세타 쪽으로 이동하는 동안 풍경의 빛깔이 바래기 시작한다. 더이상 붉은 점토는 보이지 않는다. 푸른 풀 사이로 흙이 보이던 곳에는 이제 하얗거나 다공성의 잿빛 경석輕石이 보이고, 바람에 가루가 날린다. 나무는 키가 작고, 고야의 그림에서처럼 꽉 쥔 주먹 같은 모습을 하고 있다. 오늘은 카스트로헤리스 타운 바로 외곽에서 마른 도랑인 오드라강*Río Odra*을 건널 때에야 처음으로 강을 보았다.

---

[1] 일본 헤이안 시대의 문인인 기노 쓰라유키.

나의 시드는 염소 가죽 포대*odra*에 물을 담아서 들고 다니기 시작했다. 그는 좀처럼 갈증을 느끼는 법이 없지만 그 포대를 갱 단원의 총처럼 몸에 가로질러 메는 느낌을 좋아하고, 걷는 동안 한 손으로는 포대의 물을 입안으로 부으면서 다른 손으로는 지도를 보는 요령을 완벽히 익히고 있다. 희미한 미소. 아주 평범한 행동도, 그것이 현자 혹은 서양배를 베어무는 아이 같은 형상으로 드러날 때면 매우 놀라워 보일 수 있다. 사진 속에서 우리 둘은 지도 위로 몸을 숙인 채 물방울로 흐릿해진 카스트로헤리스를 찾고 있다. 여기 사진을 확대한 이미지가 있다. 각각의 방울 속으로 거센 바람이 불어오는 가운데 힘껏 펼쳐진 지평선이 보일 것이다. 더 확대하면, 희미하고 어두운 형태들이 레온의 평원 가장자리에서 점차 선명해지는 모습이 보인다.

코라손 아리바![2]

---

[2] *Corazón arriba.* '힘내' '기운 내' 등을 뜻하는 스페인어.

카스트로헤리스　　　　　　　　　　　　　　　　**7월 4일**

달을 가만히 바라보며

내 마음 씻어내리

　　　　　　　　　　　　　　　　　　　　—제아미

카스트로헤리스는 한 무더기의 역사나 다름없다. 그것은 오드라강의 마른 계곡에서부터 높은 바위 꼭대기에 남아 있는 로마인 막사의 고대 유적에 이르기까지 층층이 쌓여 있다. 이 박살난 로마인의 히죽거림은 바위와 타운과 아래 계곡 전체에 명령을 내린다. 그것은 모든 소리 뒤에 서 있다, 뚝뚝 떨어지는 무언가처럼.

　그런데 궁금한 것은, 왜 카스트로헤리스 타운 사람들은 밤에 수도를 잠그는 것일까? 각자의 집에서뿐만 아니라 중앙 광장의 분수와 더 작은 광장들의 모든 분수도. 나에게는 놀라운 일이고, 길고 건조한 밤이다. 나는 양손을 축 늘어뜨린 채 호텔로 걸어 돌아간다. 놀라움은 우리를 아이로 만든다: 여기 또다른 놀라움이 있다. 달이 떠오른다, 어금니로 느낄 수 있을 만큼 아주 예리한 가장자리. 달이 꽉 차오를 때쯤 두 명의 심각한 아이가 레온의 평원을 걷고 있을 것이다. 뜻밖의 일은 우리를 움직이게 한다. 그리고 달은—아주 완벽히 계획적으로 움직이며—매번 어김없이 우리를 놀라게 한다. 왜 그런지 궁금하다. 달은 여행자가 세상의 씁쓸한 무언가를 갈망하게 만든다, 그것은 무엇인가? 나는 사라질 것이다; 다른 이들이 이곳으로 올 것이다, 그것은 왜 그런가? 오래된 질문.

글쎄, 순례자는 노 작품 같다. 각자가 똑같은 구조, 하나의 물음표를 지니고 있다.

프로미스타로　　　　　　　　　　　　　　**7월 5일**

> 삿대로 젓는 뱃소리와 함께
> 새벽이 또렷이 밝아오네
> 희미해져가는 달이
> 아직 하늘에 남아 있지 않은가?
>
> ―쇼하쿠[1]

매일 아침 그의 뒤에서 걸을 때마다 나는 나의 시드가 핀으로 모자에 꽂을 꽃을 한 움큼씩 꺾는다. 꽃은 연인들 사이에서 진부한 것이지만 이것은 그렇지 않다. 나의 꽃은 나의 시드에게 주는 공물이라기보다는 성인에게 바치는 공물에 그를 얽어매는 것에 가깝고, 핀이 덫처럼 꽃자루를 붙잡고 모자가 전체의 원인이 됨에 따라 결과적으로 신에게 바치는 공물에 그 성인을 얽어매는 것이다. 당신도 사진을 봐서 알다시피 성 야고보는 생전에 태평함 그 자체였다―커다란 모자를 한쪽 눈 위로 낮게 기울여 쓰고 푸른 망토는 천국의 첫번째 선율처럼 주위로 휘날리

---

[1] 일본 무로마치 시대 후기의 학자이자 시인인 에사 쇼하쿠.

는 모습. 맑은 아침이다. 난로에서 연기가 피어오른다. 먼 곳들이 조용해진다.

순례자들은 사근사근한 사람들이었다.

프로미스타　　　　　　　　　　　　　　　　　**7월 7일**

돌아서서 달을 바라보며
마음의 이치를 깨닫네

　　　　　　　　　　　　　　　　　　　─소세이

언덕이 계속 창백해지고 일군 것처럼 평탄해진다. 언덕은 면도한 것처럼 보인다, 정신병원에 갇힌 늙은 여자의 머리처럼. 일반적인 순례자의 한계점은 어디인가? 나는 너무 외롭다, 다시 어린 시절로 돌아간 것처럼. 어떤 종류의 덫이 동물의 외로움을 만져줄 수 있는가? 그 어떤 것도 그것을 만져줄 수 없다. 아니, 어쩌면 그 말은 전적으로 옳지는 않을지도 모른다. 오늘 저녁 나의 시드는 나의 등을 문지르며 그 어느 때보다 다정하게 말해주었다, 소모성 질환에 시달리는 자기 어머니에 대해. 한때, 어머니의 병에 대해 처음 알게 되었을 때 그는 마음이 미어졌다. 그러고서 그는 어머니를 돌보기 시작했다, 등을 문질러주는 등 다양한 방식으로. 등뒤에서 들려오는 목소리는 다르게 들릴 수 있다. 서로 올라타는 동물들은 서로의 얼굴을 보지 않아도 된다. 때로는 그게 더 낫다.

카리온데로스콘데스　　　　　　　　**7월 7일**

> 눈먼 사람이 보통 그러하듯
> 나는 귀가 밝다, 당신은 방금 나를
> "감정도 없는 인간"이라고 불렀는데
> 그런 말은 삼가시길!
>
> ─제아미

맑은 아침이다. 엄청나게 맑은 아침. 창을 낮추고 안장에서 몸을 앞으로 구부리라. 그에게 외로움에 대해 질문할 시간이다. 그가 내게 들려주는 대답은 놀라운 동시에 놀랍지 않다.

그는 서른 살 때 자신의 슬픔을 '더 형이상학적' 형태로 바꾸기로 결심한 이후로 외롭지 않았다. 그는 고행에 대해 생각하기 시작했다. 고대의 눈먼 시인처럼 그는 만남의 산비탈에 오두막을 짓고 적은 수의 물건을 고르고서 친구들을 기다렸다. 물고기들이 황금 지역에서 휙 뛰어오른다. 그의 사랑은 깊고 급작스러운 의식儀式이다. 그리고 그의 기쁨은 아주 특별한 종류의 것이다. 내가 한때 읽은 소설[1]에서 "자네는 공격당한 사람들을 무척 좋아하지, 댄"이라고 휴고 경은 대니얼 데론다에게 말한다. 나의 시드는 이 소설을 삶으로 구현한다; 그의 친구들은 괴로워하는 이들이다. 그녀는 고난을 겪어온 사람이야, 그는 종종 그렇게 말을 꺼낸다. 허리가 좋지 않아, 아버지에게 버림받았고, 가진 돈은 모두 가난한 사람에게 줘버려, 정신질환 병력이 있지, 왕족인 가족을 모두 잃었어—몰락했지, 갈 곳이 아무데도 없어. 그는 이런 이야기들을 사랑한다—그것들은 사람들을 진짜처럼 보이게 만든다.

그럼에도 어려움은 있다. 사람들, 특히 여자들은 그의 의도를 오해하고 그중 몇몇은 익사한다.

왜냐하면 여자들은 이야기를 무언가로, 이를테면 연애의 시작으로 여길 수도 있기 때문이다. 심각한 실수다. 그에게 그것은 이미 끝난 것이다. 세 아반도나.[2] 사진을 다른 각도에서 살펴보는 사람은 다른 덩굴손을 보게 될지도 모르지만, 그에게 이런 뒤얽힘은 문제가 되지 않는다. 외로운 건 당신이다.

그리고 결국 처녀를 구해주려는 그의 경향은 내가 당신에게 설명하거나 극화할 수 있는 성질의 것이 아니다—나는 (소설가가 아니라) 순례자이고 내가 해야 할

---

1   영국의 소설가 조지 엘리엇의 『대니얼 데론다』를 가리킨다.
2   *Se abandona*. '그것은 버려졌다'를 뜻하는 스페인어.

이야기는 길 그 자체뿐이다. 게다가 신에 대한 소설을 쓸 수 없듯이 누구도 길에 대한 소설은 쓸 수 없다, 단지 그 뒤로 돌아갈 수 없다는 이유만으로. 입체적round 인물은 사방에서around 볼 수 있는 인물이다. 그는 곁에 누가 있느냐에 따라 변한다. 그도 움직이지만 당신의 움직임은 늘 더 크며 그의 움직임을 우회한다. 다른 인물들의 마음속에서 당신은 그가 휙 스쳐지나가는 걸 본다, 갑자기 우스워진 혹은 사악해진 모습으로. 이제 나는 길이, 그리고 또 신이 움직이지 않는다는 말이 옳다고 생각한다. 움직이지 않는 동시에 그것은 어디에나 있다. 그것은 언어를 지니지만 내가 아는 언어는 아니다. 그것은 이야기를 지니지만 나는 그 이야기 속에 있다. 당신도 마찬가지다. 그리고 이것을 깨닫는 순간은 약간 슬프다. 우리가 거부될 때 이야기는 시들해지고 불은 꺼진다―대니얼 데론다는 사라진다: 우리도 사라지는가? 나는 당신에게 어둠을 연구하라고 부탁하는 중이다.

사아군　　　　　　　　　　　　　　　　　　　　　**7월 8일**

> 바람이 없어도 풍경風聲은
> 계속 울리네
>
> 　　　　　　　　　　　　　　　　　　　—시렌[1]

깜짝 놀랄 만한 빛이다, 망치로 내려치는 듯한. 지평선은 결코 가까워지는 법이 없다. 언덕의 빛깔이 다시 변한다: 금빛에서 어두운 금빛으로, 다시 더 어두운 금빛으로. 들판 전체가 그저 금빛 흙으로 된, 경작을 위해 덩어리째 갈아엎은 평판일 뿐이다, 마치 카스트로헤리스의 거대한 제단이 레온을 가로지르며 일자로 길게 쓰러지기라도 한 것처럼. 순례자의 길에 늘어선 빵 조각들은 레온의 둥근 빵과 색깔이나 형태가 같고, 그중 여럿에는 베어먹힌 흔적이 보인다. 이 길을 만든 사람들은 굶주린 자들이었다.

　나의 시드와 나는 오늘 처음으로 노골적으로 화를 낸다. 그것은 유리처럼 상처를 입힌다. 동물들은 서로 뒤얽히며 점차 격분하기 시작한다. (분노란 무엇인가?)

---

[1] 일본의 임제종 승려이자 시인인 고칸 시렌.

그에게 외로움에 대해 말했을 때, 나는 밀밭에서의 외로움을 말한 게 아니었다. 서로 사랑에 빠져 있지 않은, 둘이 서로 뒤얽혀 있는 방식을 좋아하는지도 확실하지 않은, 바에 앉아 있는 두 사람 사이에 생겨나는 외로움이 있다, 한 명이 숟가락으로 유리잔을 톡톡 두드리고는 멈춘다. 두 사람을 마구 내리치는 침묵이 있다. 레온의 평원을 망치로 내려치는 듯한 빛보다 더 깜짝 놀랄 만한 침묵, 적어도 그것을 두려워하기로 선택한 동물들에게는. (그것은 선택인가?)

엘부르고라네로　　　　　　　　　　　　　　　　**7월 9일**

당신의 가을 단풍—

우리가 단풍을 사랑하는 건 단풍이 떨어지기 때문이죠

그러니 다카세강에 배를 띄우는 게 어때요?

—시키부[1]

그것은 거의 완벽한 연애가 될 것이다, 그렇지 않은가? 순례자와 길 사이의 연애는. 틀림없이 no mistake 아름다운 것이다, 카미노[2]는. 그것은 당신으로부터 넓게 펼쳐진다. 그것은 진짜 금으로 이어진다: 그것이 빛나는 모습을 보라. 그리고 그것은 오직 한 가지만을 요구한다. 그 한 가지는 마침 당신이 간절히 건네주길 바라던 것이다. 당신은 앞으로 나간다. 당신은 빛 속에서 몸을 떤다. 잔여물도 없이, 실수도 없이 no mistake 온 마음을 소진하는, 그 완벽하게 경제적인 행위에 대한 욕망 말고는 당신에게 아무것도 남아 있지 않다: 카미노. 그것은 물처럼 단순할 것이

---

[1]　일본 헤이안 시대 중기의 가인인 이즈미 시키부.
[2]　*camino.* '길'을 뜻하는 스페인어.

다, 그렇지 않은가? 만일 우리 같은 동물에게 단순한 행위라는 게 존재하기나 한다면.

순례자들은 붉붙은 옷을 기꺼이 벗는 사람들이었다.

만시야데라스무라스   **7월 10일**

황야의 해골

그 위로 부는 바람이 내 마음에 스미네

—바쇼

예상보다 더 추운 메세타. 으스러지는 먼 곳들. 두 눈을 때리는 지평선.

모든 게 금이다. 나는 금을 묘사할 수가 없다. 나는 당신에게 사진을 보여주었지만 (아니, 그랬던가?) 그것은 실물의 근처에도 가지 못한다. 당신은 거의 어떤 경고도 듣지 못한다. 밀밭 가장자리를 따라 무언가가 오고 있다, 말을 탄 사람처럼 평원을 계속 두드리며, 당신은 멈춘다, 귀를 기울인다, 돌아서기 시작한다—그러지 말라!

그것은 빼앗긴 목숨이다; 에사 에스 라 베르다드.[1]

---

[1] *esa es la verdad*. '그것은 진실이다'를 뜻하는 스페인어.

레온으로 **7월 11일**

> 이미 소문이
>
> 돌고 있지만
>
> 내가 사랑하기 시작했을 때는
>
> 아는 사람이 아무도 없었네
>
> ─타다미네[1]

물은 스스로를 버리고 떠난다. 금은 그러지 않는다. 금은 목숨을 빼앗는다.

메세타에서는 익사 사고가 일어난다. 원한다면 당신에게 사진을 보여주겠지만, 정말이지, 이 경우에 사진은 도움이 되지 않는다. 왜냐하면 빛은 당신이 보는 무언가가 아니기 때문이다, 정확히는. 당신은 그것을 보거나 호흡하지 않는다, 당신은 압력을 느끼지 그것을 보지는 않는다. 이는 사랑하는 남자와 같은 방에 있는 것과 같다. 다른 사람들도 방에 함께 있다. 그는 아마 담배를 피우고 있을 것이다. 그리고 당신은 그를 쳐다볼 만큼 당신이 강하

---

[1] 일본 헤이안 시대 중기의 가인인 미부노 타다미네.

지 않다는 걸 알지만 (그럼에도) 그가 거기 있다는 사실, 가느다란 한줄기 담배 연기 옆에 조용하고도 멍하니 있다는 사실은 당신을 망치처럼 내리친다. 당신은 손에 턱을 괸다, 기둥 위의 성인처럼. 순간순간이 길어지다가 떨어진다. 어딘가에서 들어온 광채가 당신의 피부를 때리고 있고, 모든 신경이 표면 밖으로 불타오르기 시작한다, 당신의 폐가 분노 같은 물질 속에서 부유한다, 분노처럼 달콤한, 아니!ー쳐다보지 마라. 무언가가 당신 입에서 녹 조각처럼 떨어진다.

    글쎄, 사진ー결국 그것은 실물을 어느 정도 짐작하게 해줄지도 모르겠다. 모든 것의 바깥에서 내려다보며: 메세타에서 이동하고 있는 작은 두 형체. 서로에게 격분한 두 동물. 당신은 어떻게 알 수 있는가? 신경에 각별한 주의를 기울이라. 모두가 눈에 보인다. 보라, 그것이 불타는 동안, 당신은 가슴의 핵심을 꿰뚫어볼 수 있다. 그것이 오래되고 마른 빵처럼 바스러지는 것을 보라.

레온으로　　　　　　　　　　　　　　　　　**7월 11일**

노 작품 『오바스테姨捨』의 대사 "달을 보기가 부끄럽네"에는 (흔히 말하듯) "길 한복판에서 금덩이를 주웠다"고 할 만큼 효과적인 연기를 펼칠 수 있는 순간이 존재한다.

—제아미

타는 듯이 뜨거운 아침. 당신이 지켜보는 게 느껴진다. 나는 어깨를 으쓱하고 앞으로 계속 나아간다.

콤포스텔라로 떠나는 순례를 알레고리로 해석하면, 레온의 평원을 건너며 보낸 나날은 영혼의 어두운 밤을 상징한다—그러는 게 어떻게 도움이 될 수 있을까? 비록 우리는 모든 것을 맛보고 모든 동물의 모습을 띠긴 하지만, 비록 당신의 진정한 사랑이 존재하긴 하지만(아마 그렇겠지만), 우리는 심지어 순례길에서도 계속 어느 정도 우리 자신의 모습대로 행동한다. 당신에게 영혼은 결코 충분히 어두워지지 못한다. 다시 사진을 보라. 메세타 위로 이동하는 두 형체, 금빛 테이블 위로 천천히 달리는. 두 팔을 뻗고 입은 벌린 채 달리는. 덫에 걸린 두 마리의 작은 동물, 피니스테레를 향해 울부짖는.

당신은 순례자를 물 쪽으로 인도할 수 있다.

레온   **7월 12일**

> 오사카 경계에서
>
> 맑은 물에 비친
>
> 자기 모습을 보면
>
> 모치즈키에서 공물로 온 말은
>
> 분명 불안해하며 자리를 뜨겠지
>
> ―제아미

물로부터 다양한 위험이 당신에게 찾아온다. 우리는 세상의 꼭대기를 건너 레온시市로 내려간다, 예상과는 많이 다른 상태로. 후려치듯 내리는 비와 슬레이트 같은 회색 바람, 수평으로 내리고 불어오며 겨울처럼 차가운. 레온의 평원에서는 무언가가 준비되고 있다. 도시 자체는 부산하게 몸을 돌리고 들썩이며 드러눕는 한 마리의 쾌활한 동물이다. 우리는 숙소에 찾아들어 잠에 빠진다. 도시 위로 폭풍이 지나간다. 나의 시드는 물 밖으로 나와 그를 죽이려드는 리바이어던 꿈을 꾼다. 그는 순례자 지팡이로 그중 한 놈을 찌르고 그것을 뒤로 내팽개치다가 지팡이를 잃어버리고 만다(내가 지적한다). 하지만 그 생명체는 (그는 확신한다) 세상 끝까지 떠내려가는 여행을 통해 정화될 것이다. 세상의 끝에서 물가로 기어오르는 깨끗한 금빛 동물, 그렇지 않은가? 나는 일단 두고 보자고 말하는 부류의 사람이다.

아르소아 　　　　　　　　　　　　**7월 12일**

> 그녀는 즉시 그가 읊은 시구의 끝말을 따서 시를 지었네
>
> ―시키부

나의 시드와 나는 서로에게 아주 예의 바르다. 그와 동시에 약간 변증법적이다―즉, 나는 그가 하는 모든 말을 부정한다. 나는 걷는 동안 갉아먹을 빵 조각을 길가에서 주움으로써 이 습관을 억제하려 애써왔다. 순례자들이 길가에 빵을 놓아두기 시작한 것은 이런 목적에서 기원했을 게 틀림없다.

　기원은 행위가 아니다, 비록 그것이 최초에 (어쩌면 시끄럽게) 발생하며 (탄약을 넣기 위해 총열을 꺾을 때처럼) 행위를 시작하게 할지는 모르겠지만. 우리가 시작한 지 얼마나 오래된 것처럼 느껴지는지. 여행의 이 구간을 찍은 사진에서 당신은 척도로 삼을 단서가 어느 정도 부재한다는 사실을 알아차릴 것이고, 그리하여 총알에 구멍이 난 바위가 하늘을 붙들고 있는 것처럼 보일 것이다.

순례자들은 바늘 끝을 건너가는 데 놀라울 만큼 긴 시간을 들인 사람들이었다.

오르비고 **7월 13일**

집이 불타고 나니

이제

떠오르는 달이

더 잘 보이는구나

—마사히데[1]

우리가 메세타 쪽으로 이동하는 동안 들판에 빛깔이 돌아오기 시작한다. 중간중간 수로가 놓인 푸른 감자밭이 보인다. 포플러나무가 늘어선 대로가 바람을 향해 빛나는 발바닥을 뒤집는다. 지평선이 가까워진다. 빛의 뒤쪽, 서쪽으로 (거무스름한) 그림자가 모여든다. 그것은 평원의 가장자리에 모여든 동물일 것이다. 그것은 늑대일 것이다.

길가의 빵 조각은 이제 더 검고 더 거칠게 물어뜯겨 있다. 그와 동시에 어떤 곳에는 빵 덩어리가 고스란히 남아 있는 모습도 보인다. 기이하다. 순례의 이 단계에서는 광

---

[1] 일본 에도 시대의 시인이자 사무라이인 미즈타 마사히데.

기의 비율에 따라 태평함도 커지는 것인지도 모르겠다. 한계점이 모습을 드러낸다.

아스토르가　　　　　　　　　　**7월 14일**

정오에 구워진 말린 정어리

하지만 이 오지에서는

동전이 무용지물이니

여행자로서는 얼마나 성가신 일인지

―바쇼

당신이 기억하는 것은 시간을 가로지르는 것들, 잠을 가로지르는 목소리들.

"아구아![1] 아구아!" 하나의 색채처럼 나의 시에스타[2]를 찢고 지나가는.

붉은색. 우리가 다시 산속으로 이동하는 동안 붉은색이 땅 위를 질주한다. 붉은 벽돌색 흙 부분이 솟아오르는 언덕의 녹색 식물들을 구획 짓는다. 길가를 따라, 녹슬고 어두운 빵덩어리 사이로 양귀비가 반짝인다. 정오가 되자 매미들이 붉은 목구멍을 갈라지도록 열어젖힌다. 붉

1　*agua*. '물'을 뜻하는 스페인어.
2　스페인 등의 나라에서 점심시간 후에 자는 낮잠.

은색은, 나의 시드가 알려주길, 늑대들이 보는 유일한 색이다: 고대 켈트-이베리아인들의 믿음에서 이는 녀석들이 진정으로 고귀한 동물이라는 분명한 증거로 여겨진다.

우리는 점심을 먹으며 늑대 이야기를 나누고 있고, 나의 시드는 송어를 주문했다. 접시 위에서 지글거리는 송어의 비늘과 눈은 금빛이다. 그가 송어를 자른다. 살은 진한 장밋빛이다. 점심식사 후 우리는 박물관에 가서 12세기 조각상인 '송어의 성모'를 본다, 목재 뺨이 똑같은 장밋빛을 띠고 있다. 그녀의 미소는 물속의 종소리다. 고대 순례자들은 그녀를 방문하고자 은은하게 물든 발로 도처에서 걸어왔다. 그리고 그보다 더 붉은 게 있으니, 우리가 박물관에서 대성당으로 이동하는 동안 아스토르가 대성당이 얼굴을 잔뜩 붉히고 있기 때문이다. 장밋빛 석회암 현관에는 수치심에 대한 장면이 새겨져 있다: 대금업자와 다른 이들을 성전에서 내쫓는 그리스도. 이제 우리는 그 색깔의 핵심에 가까워진다. 수치심. 사진을 보라. 그래, 그것은 벽에 뚫린 구멍을 찍은 사진이다.

그 구멍은 중세 시대부터 있어온 것이다. 그것은 대성당의 서쪽 벽에, 나의 시드의 머리 위로 2미터 정도 되는 위치에 있다. 그뒤로는 벽의 안쪽으로 이어지는 구멍이 있고, 그 앞에는 쇠창살이 있다. 한때 여자들은 그 구멍 안으로 들어가 살며 행인들이 주는 음식만으로 목숨을 부지했다. 콤포스텔라로 가는 수많은 순례자가 얼마 안 되는 자기 식량을 여자들과 나누었다, 물이나 빵 조각 등을 건네주며. 다른 이들은 눈길을 길에 고정한 채 지나갔다. 어떤 이들은 창살 사이로 돌멩이를 던졌다. 그것은 수치심이 만들어낸 기이한 경제활동이다, 그렇지 않은가? 명예가 만들어낸 것만큼이나 기이하다. 순례자들은 대낮에 얼굴을 붉힌다. 여자들은 구멍 속에서 얼굴을 붉힌다. 그들은 쇠창살 사이로 적은 양의 금을 교환하고, 그리하여 모두가 살아서 또 하루를 이겨낸다. 얼굴을 붉힌다는 것은 무엇인가?

둠 푸데오 페레오 *Dum pudeo pereo* ("얼굴을 붉히며 나는 죽네"), 어느 옛 사랑 노래는 이렇게 전한다. 피가 얼굴에 쏠리고, 그와 동시에 심장은 저절로 말라서 딱 부러지는 것만 같다, 뜨거운 기름과 맞부딪친 송어의 눈구멍처럼. 수치심은 나에게 바싹 다가온 누군가의 현존이다. 그것이 뜨거운 것은 그녀의 눈이 나 자신의 명예보다 내게 더 가까이 있기 때문이다. 그녀는 정오의 태양처럼 뜨거운 돌멩이를 양손에 쥔 채 벽 속 구멍에 들어 있는 여자다: 들어보라, 거리에서 들려오는 발소리가 점점 사라져간다. 그녀는 나의 한마디에 잘려서 속이 드러난 나의 시드다, 내 안에서 흐느껴 우는 그. 어떤 종류의 물은 우리를 익사시킨다.

벽 속의 여자들은 라스 엠파레다다스[3]("벽에 둘러싸인 사람들")라고 불렸다. 카미노를 떠난 후 순례자가 사는 삶이란 무엇인가? 오래된 전통이 있다: 순례자의 여생은 세 겹의 수치심이다. 다시는 굶주리지 않음. 그는 먹고 또 먹어도 아무런 맛을 느끼지 못할 것이다. 다시는 자유롭지 않음, 길에 얽매어 있는 동안 그가 발견하는 자유의 조건에 따르자면. 다시는 분노를 느끼지 않음, 메세타에서 덫에 걸린 두 마리의 동물을 그슬리는 그런 종류의 분노는. 그것은 죽음에서 돌아오는 것만큼이나 돌아오기 어려운 분노다, 혹은 그렇게 여겨진다, 사아군 근처에서 나의 시드와 내가 한순간의 분노로 우리 자신을 갈라서 속을 드러내고 당신의 이름을 모독했던 그날을 떠올리는 지금의 내게는. 그 사진들을 다시 꺼내보도록 하자, 모멘티토.[4] 여기에는 살펴볼 가치가 있는 무언가가 있다, 밤이 가져다주는 흥분과 위험의 느낌이. 그럼에도 그때는 대낮이었다: 보라.

---

[3] *las emparedadas*. 보통 '감금된 사람' '죄수'을 뜻하는 스페인어 '*emparedado*'의 여성 복수형.
[4] *momentito*. '아주 잠시'를 뜻하는 스페인어.

오늘부터 이슬에 지워지리라

"나는 함께 여행하는 두 사람 중 한 명이다"라는

내 모자에 적힌 글은

—바쇼

메세타에서의 그날만큼 인생이 느리고 절망적으로 느껴진 날도 없었다, 우리 머리 위의 하늘은 텅 비어 있었고, 몇 시간이 지나도 우리 앞에서 움직이지 않았으며, 가벼운 바람은 내 귀의 뼈를 따라 휘파람소리를 냈다. 세상의 꼭대기를 가로질러 걸어가는 동안. 시간은 그늘을 제공해주지 않는다. 바람은 그늘을 제공해주지 않는다.

하늘은 움직이지 않는다. 하늘은 움직이는 모든 것을 으스러뜨린다.

우리는 동틀녘부터 밖에 나와 있었다, 우리는 검게 변해가고 있었다. 그때 물이 보였다.

사막 한가운데 있는 한 그루의 플라타너스와 그 옆의 샘. 우리는 그곳으로 달려가 마시고 또 마시며 점점 오만해졌다. 여기 작은 오아시스 주변에서 투우사처럼 으스대는 내가 있다, 혹은 그렇게 보인다(사진) 내 얼굴을 온통 적신 물. 이제 나는 나의 시드에게 질문을 던진다—그리고 뒤따르는 것—음, 그것은 아마 아무것도 아닌 것처럼 보일지도 모르겠다. 하지만 사실 그것은 머리털로 짠 자루옷이었고 달은 피가 되었다.[1] 그는 질문에 대답하기 시작한다(대답이 무엇이었는지는 기억나지 않는다). 그리고 그에게는 질문에 대답하는 특정한 방식이 있다(우리 모두 그러하듯). 그리고 나는 그가 무슨 말을 할지 안다(그가 입을 열자마자). 그리고 갑자기 나는 격분한다. 나의 날카로운 순례자 칼이 한 차례 번쩍인다. "나도 알아!" 그의 훤히 드러난 얼굴을 곧장 가로지르며.

나는 안다. 나는 당신이 하는 말을 안다. 나는 당신이 누구인지 안다. 나는 당신이 전하고자 하는 모든 의미를 안다. 이미 아는 것을 듣는 일은 왜 동물을 격분하게 하는가? 나의 시드가 레온의 평원 위로 비치는 빛과 사랑에 빠진 것만큼이나 나는 지식과 사랑에 빠진 사람이기에, 나는 앎이 곧 길이라고 말하겠다. 그 비유는 독창적인 것이 아니지만 이제 당신은 그 비유를 벽의 구멍을 찍은 사진들 옆에 놓고 그것이 내게 무엇을 의미하는지 보길 바란다.

당신은 빵을 향해 손을 내밀고 돌멩이를 움켜쥔다. 당신은 돌멩이를 만지고, 몸을 타고 흘러내리는 땀을 느낀

---

[1] 『요한 묵시록』 6장 12절 "해는 털로 짠 자루옷처럼 검게 되고 달은 온통 피처럼 되었습니다" 참고.

다. 흐르는 땀, 어두컴컴해지는 하루, 그것은 움직이지 않는 순간이다. 내 마음은 얼마나 헛되이 소진되고 말았는지. 더 어두운 무언가가 사진 속 성인의 몸을 타고 흐르는 듯 보이지만, 그것은 우리가 메세타에서 사용하던 라이트 필터 효과일 뿐이다. (두번째 죽음[2]보다) 더 어두운 것은 없다.

하지만 이제 와서 살펴보자니 엠파레다다스를 찍은 사진들은 솔직히 좀 당황스럽게 느껴지는 게 사실이다. 나는 쇠창살 사이를 찍기 위해 렌즈를 기울이려 애썼지만 쇠창살은 너무 높은 곳에 있었다. 제대로 찍힌 사진이 한 장도 없다. 이를테면 이 사진을 보라—이건 양손에 무언가를 들고 있는 여자의 사진일 수도 있다. 돌멩이 몇 조각 사이로 떠가는 익사한 개일 수도 있다. 당신은 이게 뭔지 알아볼 수 있겠나? 이 사진은 빛을 정면으로 향한 채 찍힌 것으로, 근본적으로 잘못되었다. 내가 이런 문제들을 생각하는 동안 그는 이미 발걸음을 옮겼고, 거리에서 들려오는 발소리가 점점 사라져간다, 대야 밖으로 흘러넘치는 마지막 몇 방울의 물처럼. 나는 서둘러 그를 따라간다. 어떤 종류의 물은 우리를 익사시킨다. 어떤 종류의

---

[2] 『요한 묵시록』 21장 8절에 등장하는 표현으로, 첫번째 죽음인 육체의 죽음 이후 심판으로 지옥에 떨어지는 일.

물은 음화陰畵를 돌이킬 수 없이 부풀게 한다(음화는 불에 탄 것처럼 보인다). 어쩌면 이것들을 나중에 다시 살펴볼 시간이 있을 것이다.

몰리나세카　　　　　　　　　　　　　　**7월 16일**

솔숲에서 들려오는 바람의 목소리 덕에
고독이 친숙해지네
그처럼 새벽을 위해 매일 밤을 지새워줄 이 누가 있겠나?
—소기[1]

산지: 우리는 레온의 산지를 넘어왔다. 그것은 새벽부터 새벽까지 하루가 꼬박 걸리는 일이다. 길은 구불구불, 구불구불 위로 이어진다. 길은 고꾸라지듯 아래로 이어진다. 분명 이것들은 전에는 단어에 불과했다: 위로, 아래로. 나는 거의 한계에 도달해 정신이 거의 혼미해진 데 반해 그는 걷는 동안 점점 더 가벼워진다. 고행이란 무엇인가?

위로.

레온의 산꼭대기에는 철십자가가 있다. 여기서 우리는 멈춘다. 산지 한쪽 위로 바람이 휘파람소리를 내며 불어온다, 옛날의 아침들로부터, 너무 멀리 있지만 여전히 같은 아침들, 레온의 평원 아래로부터. "저 아래 어디선가

---

[1] 일본 무로마치 시대의 승려이자 시인인 이오 소기.

우리는 뜨거움을 느꼈지." 그가 말한다. 저 아래 어디선가 우리는 익사하고 있었다. 나는 납작한 바위에 걸려 넘어져 잠이 들고, 그러는 동안 그는 지켜본다. 늑대들이 오가며 내 등을 훑어본다. 해질녘에 우리는 자리에서 일어나 산지의 다른 쪽 아래로 내려가기 시작한다.

 아래로.

 협곡에 협곡, 휘어지고 또 휘어지는. 석양의 동굴, 서서히, 서서히 사라져가는―존재들이 내뿜은 그저 한줄기의 거대한 금빛 숨―그들은 놀라운 존재였을 게 분명하다, 그 금빛을 내뿜은 자들은. 아래로. 보라색과 초록색의 섬들. 어느 거대한 밤에 모든 바다가 사라진 후 남겨진 것처럼 쪼개지고 궁륭을 이루고 거대하게 구멍이 난: 산지. 그곳의 언덕은 접히고 또 접히다 아래로 접혀나간다. 언덕의 굴과 바위 사이로 접혀들어간 곳은 유령 마을이다. 허물어진 거리는 그곳에서 끝난다, 소리처럼, 아무 곳도 아닌 곳에서. 안은 어둡다. 그럼에도 우리는 걷는다 (오 조용히)―누군가의 역선力線을 무너뜨리며. 집들은 돌멩이를 드러낸 채 서 있다. 집 하나하나가 텅 빈 구멍. 몇몇 집은 안쪽으로 붉고 기다란 자국이 나 있다. 언젠가 말들이 저 안으로 들어갔다―아니. 그럴 리 없다. 말은 저 안으로 한 번도 들어간 적이 없다.

 아래로.

우리는 빙빙 돌고, 돌고, 또 돈다. 길을 한 굽이 돌 때마다 되돌아오는 또다른 굽이가 나온다. 해질녘. 아래를 내려다보라: 산자락에서 무언가가 시야에 들어온다. 수면 위로 날개들처럼 밀집한, 빛나는 무언가. 물위에서 그것 주위로 떠 있는 날개들에 놀라워하는 무언가―그것들은 어찌나 멋지게 금빛으로 변하는지! 태초의 저녁이 그랬다고, 당신은 한때 내게 말했다. 일 라 팔로마 볼비오 아 엘 라 라 오라 델 라 타르데.[2] 그 사진은 역광으로 찍혔고, 그래서 두 인물은 뒤에서 그들을 짓뭉개는 산지를 배경으로 분명히 두드러진다. 그들은 달리는 것처럼 보인다―보다시피 가벼운 호기심을 보이며 이 봉우리나 저 봉우리에서 그저 지켜보고 있을 뿐인 늑대들 때문에 그런 것은 아니고. 인물들을 클로즈업하고 무릎 아래를 자른 결과 긴박감이라는 효과가 생겨났다. 그리고 저녁때가 되어 비둘기는 그에게 돌아왔다.

순례자들은 오직 한 번만 일어나는 일들을 겪은 사람들이었다.

---

[2] *Y la paloma volvió a él a la hora de la tarde.* "그리고 저녁때가 되어 비둘기는 그에게 돌아왔다"를 뜻하는 스페인어. 『창세기』 8장 11절 "저녁때가 되어 비둘기가 그에게 돌아왔는데, 싱싱한 올리브 잎을 부리로 물고 있었다" 참조.

트라바델로　　　　　　　　　　　　　　　　　**7월 17일**

> 드넓은 황야가
> 마음에 답하네
> 오 잊지 말라
> 계속 변하는 삶의 경계선을
>
> —소조[1]

우리는 하루종일 산지의 가장자리를 따라 나아간다, 위를 올려다보며: 갈리시아의 단층 지괴_{地塊}. 내일은 다시 올라간다. "우리는 하느님의 이름으로, 그리고 성 야고보의 이름으로 녀석들을 물리칠 거야!" 그는 태평하다. 나는 그렇지 않다. 발을 포갠 채 녀석들이 우리를 지켜본다, 기다린다.

---

[1] 일본 무로마치 시대의 시인.

세브레이로 7월 18일

가와타 마을에서
말을 빌릴 수도 있었지만
나는 그대를 너무 사랑한 나머지
내내 맨발로 걸었네

―간아미

그리하여 우리는 다시 한번 세상의 꼭대기로 올라간다. 불안정하게 헐떡이고 땀을 쏟으며 먼지 덮인 바위투성이 염소 길을 쭉 올라가 세브레이로의 오솔길로. 꼭대기에서 바람이 갑자기 강처럼 활짝 펼쳐지며 차가워진다. 뒤를 돌아보라―이제 모든 것은 우리 발아래로 멀어져간다, 우리가 출발했던 아침까지 천 마일이나 쭉 아래로 쭉 뒤로, 그날은 11세기의 환하고 좋은 아침이었고, 사진으로 판단하건대 우리는 아주 젊었음에 틀림없다. 수확하러 갈 때의 나는 정말 하얬다.

"소크라테스처럼 굴고 싶진 않지만"―성난 듯이 토르티야를 베어물며―"네가 생각하는 고행의 정의는 뭐지?" 그는 오늘 내게 짜증을 낸다. 그는 내가 내리는 정의가 못마땅하다. 도보로 여행하지만 잠은 호텔에서 자는 (우리 같은) 순례자는 그가 보기에 차로 여행하지만 잠은 땅바닥에서 자는 순례자보다 더 진정성 있다. 글쎄, 내가 보기에 갈리시아는 놀라운 곳이다. 그리고 여기서 진정성은 놀라울 만큼 잘 지켜진다. 이를테면 이 호텔에서는 한 마리의 거대한 흰 늑대가 밤새 우리를 지켜준다. 거대한 눈으로 느리게 응시하며 양상추 사이에 누워 있는 녀석은 조각처럼 정지해 있다, 달빛에 물든 땅바닥 위를 지칠 줄 모르고 이리저리 두리번거리는 검은 눈만 제외하면. 가장 위험한 지역에 이른 우리가 이곳에서 늑대들을 구호기사단[1]으로 맞이하게 될 거라고 누가 생각이나 했겠나? 고행은 놀라운 연구가 될 수 있고 순례자들은 아주 진정성 있는 자들이라 할지라도 그들이 예상하지 못한 방식으로 마구 먹어대는 법이다. 나는 약쑥만을 갈망하도록 배운 탓에 탈수증으로 죽은 사람들을 본 적이 있다. 그것에 무슨 의미가 있을 수 있을까? 고통에 대체 무슨 의미가 있단 말인가—우리와 신 사이의 상처를 붕대로 동여맬 방법을 궁리하며 우리가 아무리 우리 자신을 위해 고통을 초래한다고 한들? 고통을 고통으로 동여매려 하는 순간의 참회자를 나는 몇 번이고 사진으로 찍으

---

[1] Hospitaller. 유럽 십자군 전쟁 시기에 결성된 가톨릭의 기사 수도회.

려 (헛되이) 애썼다.

   세상의 가장자리에 검은 나무들이 한 줄로 늘어서 있다, 몸을 떨며. 그 위로는 한 조각의 피부 같은 달.

순례자는 언제 사진 같은가? 산酸[2]과 감정이 딱 알맞게 섞일 때.

---

2   산은 사진 현상액의 알칼리성을 중화시키는 데 사용된다.

사모스로

아, 그녀에게도 그것은 자정의 순례로구나
순례객이 얼마나 많은지! 이것은
지옥의 소행인가?

—치카마츠[1]

분노와 고행의 관계는 무엇인가? 뒤얽힘과 고행의 관계는?

그것은 여자들의 방이다. 밤은 어두컴컴하다. 사진에서 당신은 거리의 빛에 윤곽이 드러난 눈꺼풀을 볼 수 있다, 여기. 더 어두운 습기가 기다란 자국으로 나 있는 벽, 저기. 우리는 서로의 숨소리를 듣는다. 매미 한 마리가 오늘밤 여기 들어와 귀에 거슬리는 작은 소리로 우리의 신경 끝을 가르고 있다. 심지어 산 자들 사이에서도 때때로 밤은 절대 끝나지 않을 것처럼 느껴진다. 여자는 이제 약

---

[1] 일본 에도 시대의 조루리(淨瑠璃) 작가인 치카마츠 몬자에몬.

하게 새된 소리를 지르기 시작한다. 나는 참견하는 사람이 아니지만, 그래도 슬픔은 슬픔이다. 어쩌면 짤막한 노래 하나라도—어머니는 가끔 밤에 내게 내전 시절의 옛 발라드를 불러주곤 하셨다.

> 시간이 지날 때마다, 내 사랑 미구엘,
> 당신은 더 소중해지네:
> 그래서 당신은, 내 사랑 미구엘,
> 여기 있지 않은 것일까?

아. 새된 소리가 멈췄다. 다른 사람들은 숨을 쉬고 있다. 방이 조용해진다. 때로는 그저 카미노를 인식하는 것만으로도 충분하다. 당신의 쓰라린 마음이 내 마음을 치유하네, 오 내 곁에 머물러주오.

사모스   7월 19일

"그래요." 그는 말한다. "당신을 위해."
대체 그게 무슨 소린가?

—제아미

고행이란 부러져서 떨어져나온 후 다시 던져진 무엇이다, 갑자기 지난밤 꿈에 나온 누군가가 떠오를 때 당신의 생각을 꿰뚫는 달콤함처럼. 그것은 모르는 누군가였다. 딱 새벽에 그는 거기 있었다, 어슴푸레 빛나며, 발을 질질 끌며. 그것은 생각만으로도 밤을 투명하게 만든다. 그것은 밤을 비할 데 없는 것으로 만든다. 당신은 세상의 가장자리에서 떨고 있는 검은 팔들의 꿈을 꾸었다. 그 기억을 더듬으며, 당신은 너무 분명해서 그저 고통일 뿐인 자유 속으로 떨어진다. 코라손 누에보_corazón nuevo_는 '새로운 마음'을 뜻한다. 그것은 당신이 도달하려 애쓰는 하나의 장소다, 은빛으로 변하는 당신의 피부를 통해, 당신 몸 위로 까맣게 타버린 수치심을 통해, 우리가 설명할 수 없는 목마름을 통해, 그가 연못 같은 별들 속에서 날개를 식히며 그 별들이 어두운 물 위로, 그의 주위로 몸을 질질 끄는

것을 내려다보고 있는 곳으로—보라, 그가 저기 있다, 희미하게 경이로워하며—오 사랑받는 이여, 누가 당신의 눈길을 끌 수 있단 말인가?

팔라스델레이 **7월 21일**

꽃잎 두 개 떨어지니

작약의 형태가

완전히 달라졌네

―시키부

짙은 안개 속에서 갈리시아의 저지대를 오르고 가로지른다. 생명의 형체들이 우리에게 어렴풋이 나타났다가 사라진다, 점차 그로테스크해진다. 안개가 상상력을 만들어낸다. 우리는 무의미하고 그로테스크한 것에 둘러싸이길 좋아하지 않는다, 우리는 자청해서 기형적인 것에서 형태를 발견해내는 동물이다. 저기 (사진들 속에) 양배추 줄기에 난 것은 벨라스케스[1]고 여기 이 소나무들은 치열인가? 성채? 주사위? 그리고 이 울타리 기둥은 사해死海의 윤곽을 지닌 것 같다, 아마도.

   생명의 형체들은 우리가 그것들을 쳐다보는 동안 변하고, 바라보는 우리도 변화시킨다. 이를테면 늑대들. 당신

---

[1] 스페인 바로크 시대의 화가 디에고 벨라스케스.

은 늑대가 어떻게 생겼는지 안다고 생각할 것이다: 루파 여왕[2]은 그렇게 생각했다. 왜냐하면 팔라스델레이의 시골 지역 주변은 한때 늑대로 가득했고, 루파는 녀석들의 여왕으로서 카스트로 루파리오라는 조야한 요새에서 녀석들에게 명령을 내렸기 때문이다. 이상하기도 하지, 어느 날 그녀가 노란 눈으로 성 야고보 자신을 응시하게 된 것은.

성 야고보는 알려진 세상에서 가장 멀리 떨어진 변두리를 기독교화하기로 결심하고서 서기 1세기에 피니스테레로 가던 길에 갈리시아를 지났고, 몇 년 후 팔레스타인으로 돌아가 순교했다. 그러자 그의 제자들은 그의 시신을 들고 작은 배에 탔다. 그들은 갈리시아에 이르렀다, 카스트로 루파리오가 보이는 곳에: 루파가 눈을 가늘게 뜨는 것을 보라. 그녀는 그들을 만나러 가서 그들에게 성인을 묻을 땅을 주겠다고 한다. 그녀의 말은 유창하고, 그녀의 얼굴은 주머니처럼 텅 비었으며, 그녀의 계획은 죽음으로 그들을 살해하는 것이다. 바로 그날 밤 그녀는 그 거룩한 이들을 수레에 실은 시신과 함께 내보낸다. 수레에 매인 저 동물들은 뭐죠? 황소라고 루파는 말한다. 그

---

2 Queen Lupa. 갈리시아 신화에 등장하는 여왕. '늑대와 관련된 특성'을 뜻하는 스페인어 단어 '*lupino*'와 그것의 기원인 라틴어 단어 '*lupus*(늑대)'를 상기시키는 이름이다.

것들은 왠지 황소보다 더 검어 보이지만 밤인데 누가 그걸 알 수 있겠나? 물론 그것들은 루파의 늑대들이다—이는 그저 이름에 불과한 것일까? 그들이 어둠 속을 걸어가는 동안 늑대들은 황소로 변해 수레를 끌고 상당히 높은 언덕 위로 올라간다. 사도들은 그곳에 무덤을 만들고 감사를 표한다. 루파의 눈이 휘둥그레진다. 그녀는 다양한 확대경으로 사진들을 살펴보고, 결국 새로운 종교로 개종한다.

서로 올라타는 동물들은 예상치 않은 방식으로 뒤얽히게 된다. 그것의 등뒤에서 당신은 늑대를 여왕으로, 혹은 언덕을 성스러운 몸으로, 혹은 행위를 사실로 보게 될지도 모른다. 하지만 우리가 사진이나 역사적 기록에서 사실을 찾으려 할 때, 사실은 이런저런 방식으로 변형된다.

고행은 우리가 발견해내는 어느 한 형태, 우리가 고집하는 어느 한 형태다.

콤포스텔라로   7월 23일

쉬고 있는 달팽이
어느 쪽이 머리고
어느 쪽이 꼬린지 알 수 없네

—교라이[1]

내가 아는 당신의 목소리. 그것은 나를 겁에 질리게 했다. 평생 가끔 꿈에서 그것을 들을 때, 그것은 비웃음처럼 들린다—하지만 꿈은 소리를 왜곡시키는데, 많은 물 위로 그것을 내보내기 때문이다. 이 힘든 하루하루 동안 나, 순례자는 이 문제에 대해 깊이 생각해본다. 나는 강바닥을 터벅터벅 걷고 내 안에서는 질문이 이어진다. 굶주림과 분노만으로 이루어진 우리는 무엇인가? 그의 발뒤꿈치가 내 앞에서 오르내린다. 내가 어떤 다른 동물에 대한 지식과 뒤얽히게 된다는 것은 얼마나 놀라운지. 나는 그 동물을 안다. 그것은 내가 나 자신을 넘겨주었다는 뜻인가? 앎이란 무엇인가? 그것은 누구도 던지지 않던 질문이다,

---

[1] 일본 에도 시대 전기의 하이쿠 시인인 무카이 교라이.

물론 나는 여기저기 다니면서 지켜보며 그들이 한 모든 말에 귀를 기울였지만. 나는 어떤 암호가 사용되고 있다고 의심하기 시작했다. 그것은 나를 겁에 질리게 했다. 왜? 그것은 나를 밀어서 구멍 속으로 빠뜨렸다, 왜? 왜냐하면 그것이 당신의 질문이니까.

당신의 질문을 나는 당신에게 맡긴다. 그 질문 안에는 내가 좀처럼 볼 수 없는 사랑의 생명이 들어 있다, 꿈에서만 보이는. 혹은 이따금 사진에서도 보이는. 여기 나의 시드와 그의 어머니를 찍은 오래된 사진 한 장이 있다. 그는 자기 모자를 어머니의 머리에 씌워주려고 손을 뻗고 있다. 심지어 아프기 전에도 그녀는 오후의 햇빛에 노출되길 싫어했다. 그럼에도 그녀는 모자를 들고나오는 법이 없었고, 내가 알기로 그들이 걸었던 때는 대체로 오후였다. "모자를 꼭 가져와야겠어." 그녀는 매번 말하곤 했다, 머리를 구부리며. 희미한 미소.

순례자는 어째서 대장장이 같은가? 그는 쇠를 구부린다. 사랑은 그를 구부린다.

콤포스텔라로 7월 24일

나의 사랑스러운 순례자 모자여,

왜 너는 꼭 나와 동행해

자두나무를 보려는 것인지!

―바쇼

그리 멀지 않은 곳에서 도착하기까지 긴 시간이 걸린다. 도착 바로 전에 우리는 몬테델고소라는 작은 언덕을 오른다. 이 높이에 올라, 오랫동안 바랐던 도시가 갑자기 2천 미터 앞으로 다가온 것을 본 고대 순례자들은 무릎을 꿇고 기쁨의 눈물을 흘리며 테 데움[1]을 부르곤 했다. 나의 시드가 앞서서 걸어가며 소리 내어 읽는 한 오래된 이야기에 따르면, "그들은 바다의 폭풍우를 뚫고 안식처에 이른 선원이라도 된 듯한 기분이었다." 그의 목소리는 기쁨이고, 함께 돌아가는 수차水車처럼 움직이는 그의 발걸음도 기쁨이다. 반면에 나로서는 반으로 쪼개진 듯한

---

[1] "오 하느님, 우리가 당신을 찬미하나이다(*Te Deum laudamus*)"로 시작되는 찬송가.

기분이 든다. 모든 순례자는 자기만의 방식으로 목적을 이룬다.

우리가 콤포스텔라로 들어가는 동안 대성당에서 별들이 내뱉어지고 있다: 대성당! 아니, 그것은 신기루가 아니다, 산티아고[2]시의 중앙 광장에 좌초한 듯 서 있는 이 엄청난 크기의 흥얼거리는 금빛 선체[3]는. 12세기 초반에 지어진 그것은 12세기가 끝나갈 무렵에 마에스트로 마테오라는 인물이 원래의 입구를 '영광의 현관'[4]으로 교체하면서 더 아름답게 꾸며졌다. 그것은 은총의 행위였다. 입구는 순례자에게 중요하다: 입구는 하나만 있을 수 있다.

입구는 하나의 입맞춤으로서 지어진 문이어야 한다, 마에스트로 마테오는 그렇게 이해했다. 그의 현관 전체는 하느님의 하프를 연주하는 영광의 피조물로 가득하다. 미소와 희미한 미소가 그들로부터 음악처럼 흘러내린다. 동물과 예언자, 천사와 하느님의 이름 모를 만백성이 (놀란 채) 손을 들고 서로 기뻐하며 몸을 기댄다. 몇몇은 뺨을 살짝 붉히고 있기도 하다. 12세기 이후로 이 현관을 통해 순례자들이 입장했다. 비싼 대가를 치르고 쟁

---

2 '성 야고보'의 스페인식 이름.
3 '선체'로 옮긴 'hulk'는 단순히 '거대한 것'을 뜻하기도 한다.
4 '포르티코 다 글로리아(Pórtico da Gloria)'를 가리킨다.

취한 것! 그들은 곧장 들어간다. 그들은 그곳을 만든 마에스트로를 맞이하러 들어간다, 손을 쭉 뻗은 채―나도 그랬다(사진). 당신은 1195년에 마에스트로 마테오가 중앙 수직 기둥에 조각한 이새의 나무[5]로 다가간다. 당신은 어깨높이에 있는 나무의 덩굴손 사이로 보이는 다섯 개의 구멍에 손을 맞춘다. 구멍에 손가락을 끼운 채 당신은 그저 몸을 숙여, 기둥 맨 아랫부분에 뒤얽힌 나뭇잎과 동물 사이에 조각가 자신이 조각한 마에스트로 마테오의 머리에 입을 맞출 수 있다. 정말 많은 순례자의 입술이 마에스트로의 이마 위 단단한 면을 스쳐갔고, 그렇게 닳아서 생겨난 볼록한 웅덩이에는 빗물과 다른 습기가 고인다. 세아반도나. (나는 마에스트로 마테오를 세례반으로 착각하고 급히 지나가는 두 방문객을 찍은 이 사진이 좋다.)

내가 말하는 동안, 우리가 광장을 가로질러가는 동안 별들은 대성당에서 하늘 높이 쏘아올려지고 있다. 별들은 땅으로 떨어져 하얀 불이 되어 드러눕는다. 사진 속에서 나의 시드는 몸을 구부려 별 하나가 샌들 밑창에 박혔는지 보고 있다: 아닌 게 아니라 별 하나가 박혀 있다―문제가 될 거라고 당신은 생각할 것이다. 하지만 그에게

---

[5] 다윗의 아버지인 이새(Jesse)에서 그리스도에 이르는 계도(系圖)를 나뭇가지 모양의 그림 또는 조각으로 나타낸 것.

있어서 이것은 시련이 기쁨으로 바뀌는 한 예다. 어린 시절에 당한 사고 이후로 그의 두 다리는 길이가 달라졌지만, 이제 신발에 별 하나가 박혀 그는 몇 년 만에 처음으로 똑바로 걷고 있다. 그것은 그의 태평함을 세 배로 늘렸다. 그가 성 야고보 조각상을 껴안는다. 그가 나를 껴안는다―그리고 나는 넘어질 뻔한다(오늘 나는 술을 몇 잔 마셨다)―나의 고급 검정 베레모가 먼지 속에 뒹군다. "이런, 나 취했나봐!" "이런, 나도 알아." 희미한 미소. 약간의 과장된 동작으로 그가 나의 베레모를 원래 자리로 되돌린다.

콤포스텔라 **7월 25일**

당신은 눈이 멀었으니

당신의 시적 감각은

당신 얼굴에 드러날 수 없으리

─제아미

자정, 광장의 불꽃놀이. 사진은 없다─불꽃놀이가 어떤 건지 당신도 알지 않나. 천하게 번지르르하고, 깜짝 놀라게 하며, 거부할 수 없이 매혹적이다, 인간의 사랑이 그러하듯. 어두워진 광장에 떼 지어 모인 2만 명의 사람 위로 살아 있는 별이 떨어진다. 몇몇은 비명을 지르고, 화상을 입고, 박수를 친다. 나에게 떨어지는 별은 없다, 비록 내가 그런 위치에 서려고 애씀에도 불구하고. 당신은 어둠 속에서 내 얼굴을 알아보지 못하겠다고 말하려는 건가? 무정한 사람 같으니.

불꽃놀이가 끝날 무렵 우리는 대성당을 불태워버린다, 전통대로. 빛으로 아주 아찔해지고 유황빛이 된 지금, 그것이 적절한 피날레라는 데는 의문의 여지가 없다. 내일 아침, 새까맣게 탄 폐허 한복판에서 성 야고보의 장엄미사를 드리려 할 때, 우리는 다시 생각해보게 될 것이다. 하지만 불꽃놀이는 늘 지금과 관련된 것이다, 그렇지 않은가? 코라손 아리바!

순례자는 언제 한밤중 같은가? 그가 불타오를 때.

콤포스텔라　　　　　　　　　　　　　**7월 25일**

나처럼 애인 없는 사람도

새 기모노로 갈아입는

이때가 좋아라

―오니츠라[1]

콤포스텔라에 아침부터 비가 내림에도 불구하고 성 야고보를 기리는 장엄미사는 유쾌한 행사다. 순례자들은 무릎까지 올라오는 금빛 돌무더기 사이, 높이 매달려 흔들리는 조각난 등 아래에 서고, 그 등에서는 여전히 불붙은 조각이 떨어지고 있다. 그을음과 빗방울이 아무도 모르게 그들의 어깨 위로 계속 떨어져내린다. 성단소聖壇所는 용해된 연못이며 작은 동물들이 측면 통로에서 익사한다는 소문이 있지만, 우리는 장벽을 이룬 조명용 아크등과 스페인 국영 방송에서 중앙 지하 납골당에 설치한 녹화 장치 너머를 볼 수 없다(축제 미사는 6시 뉴스에서 부분적으로 생방송될 것이다). 신도석을 가로질러 카메라 위

---

[1]　일본 에도 시대의 하이쿠 시인 우에시마 오니츠라.

치 조정 장치를 한 줄로 세우려 애쓰는 촬영진은 유리 같은 바다 위를 헤쳐나가느라 이리저리 몸을 피하며 욕을 내뱉는다.

몇몇 멋진 순간들이 있다―이를테면 딱 크레도[2]를 부르는 도중에 중앙 샹들리에가 합선을 일으키면서 폭발한 별들이 앞쪽 신도석에 앉은 순례자들 머리 위로 보슬비처럼 떨어진다, 꽤나 장관이다. 다들 박수를 친다. 하지만 내게는 또다른 사진을 뚫어져라 쳐다보는 당신의 모습이 보인다. 오 그래.

저 순은純銀 소행성은 보타푸메이로 botafumeiro로, 그 용기에서는 축제 미사가 끝날 무렵 사람들을 축성하는 향이 뿌려진다. 그것은 성당의 등에 연결된 은빛 밧줄에 똑바로 매달려 있으며, 크기는 대략 다 자란 늑대만하다. 그 아래로는 보다시피 순례자 무리가 성당 중앙 통로 아래에 모두 물고기처럼 빽빽이 모여 있는 데 반해 익랑은 텅 비어 있다―왜 그런가? 일종의 통로를 만들기 위해서다: 무리가 축복을 받는 동안 보타푸메이로는 성당의 전체 너비―좌익부에서 우익부까지 65미터―를 이리저리 오가고, 그렇게 흔들리면서 뿜어내는 거대한 연기로 우리

---

[2] *credo*. 5악장의 미사곡 가운데 3악장에 해당하는 곡으로, '저는 믿습니다'를 뜻하는 라틴어.

의 기도를 하느님께 올려보내고 아래에서 불타오르는 새로운 마음의 악취를 익사시킨다. 성 야고보가 모자의 챙을 기울인다: 가로로 65미터나! 나의 시드가 그렇게 행복해하는 모습은 처음이었다.

   내일, 부조리의 극치. 우리는 자동차를 빌려서 피니스테레로 갈 것이다.

콤포스텔라　　　　　　　　　　　　　　　　**7월 26일**

> 당신이 보는 눈雪이 눈인 것은
> 당신이 그것을 보기 때문이 아니다
> 그것은 당신을 보기 때문에 눈이다
>
> ―마차도

꼭대기에서 끝나는 산은 없듯이, 산티아고에서 멈추는 순례자도 없다. 그 도시와 그곳에 묻힌 성인은 생각의 돌출된 지점point이지만, 길은 계속된다. 길은 서쪽으로 이어진다: 피니스테레[1]로. 그리하여, 콤포스텔라에 도착하는 순례자가 오직 거기서 멈추기만을 바랄지라도, 그 도시가 그의 다리를 얽어매서 그가 하루나 이틀이나 한 주 동안 가만히 있거나, 조각상들을 오가며 성 야고보에게 입을 맞추거나, 침대에 누워 꿈을 꾸게 할지라도, 그가 깨어나는 날은 온다. 아침이 그 푸른 눈을 잘라서 드러내고 있다. 시간이 곧 길이다. 떠날 시간이다: 피니스테레로.

---

[1] '피니스테레'는 라틴어 '*finis terrae*'에서 유래한 말로, 말 그대로 '땅끝' '세상의 끝'을 의미한다. 로마 시대에 이 지역은 실제로 '세상의 끝'으로 여겨졌다.

여기서 그곳에 대한 사실 한두 가지를 언급해도 잘못된 일은 아닐 것이다. 광활한 유럽 땅덩어리에서 가장 먼 서쪽 지점point, 유럽 대륙의 가장 초기 거주민인 켈트족이 발견한 지점이며 성 야고보가 태어나기 전에 여러 세기 동안 순례의 목적지가 되었던 그곳은 카보데피니스테레[2]라고 불리는 스페인 대서양 해안의 곶에 위치해 있다. 당신은 그곳까지 걸어갈 수 있다. 당신은 그보다 더 (서쪽으로) 걸어갈 수는 없다.

왜 세상의 끝이 정확히 어디인지 특정하려는pinpoint 순례자들과 다른 사람들은 늘 서쪽으로 향해 가는가? 황금을 위해서, 라고 나의 시드는 말한다. 서쪽으로 여행하는 동안 날은 더 길어진다: 황금, 더 많은 황금, 그보다 더 많은 황금. 그거야 어쨌든, 계속 가면 모든 것의 맨 끝으로 데려다주기로 되어 있는 길을 나서는 행위는 문명만큼이나 오래된 시도다. 당신은 거기서 무엇을 발견하는가? 그것은 좋은 질문이다. 만일 답을 안다면 당신은 누가 되겠는가? 그것을 알아내려면 한 가지 방법밖에 없다. 그리하여 순례자는 길을 떠난다. 한 가지 사실만은 분명하다, 그가 지니고 여행하는 일련의 믿음에서 한 가지 항목만은 변하지 않는다. 그것은 다음과 같은 단순한 사실인데, 즉

---

[2] *Cabo de Finisterre.* '피니스테레 곶'을 뜻한다.

세상의 끝이라고 불리는 장소에 이르렀을 때 당신은 떨어져서 물속에 빠진다. 어떤 순례자는 익사하고, 어떤 순례자는 익사하지 않는다. 클라로.[3]

순례자는 어째서 노 작품 같은가? 그의 끝은 중요한 것 point[4]이 아니다. 그럼에도 그것은 명예나 수치심에 있어서 없어서는 안 되는 것이다.

---

3 *Claro*. '물론이다' '명확한' 등을 뜻하는 스페인어 단어.
4 '중요한 것'으로 옮긴 'point'는 '바다 쪽으로 뾰족하게 뻗은 육지'를 뜻하는 '갑(岬)'을 의미하기도 한다.

피니스테레로   **7월 26일**

> 우리는 그저 느낌만으로
>
> 하얀 국화를
>
> 꺾으리
>
> 첫서리 내려
>
> 눈속임당할 때
>
> —미츠네[1]

솔직히 말해서, 정작 때가 되니 피니스테레로 가고 싶은 마음이 들지 않는다. 나는 밤새 깊이 잠든 채 지역 당국을 피해 도주중인 범죄자가 된 꿈을 꾸었다. 그들이 지하실에서 나를 궁지에 몰아넣자 나는 그들에게 골수가 든 뼈를 힘껏 던지고, 골수는 허공에서 살아 있는 별들처럼 폭발한다. 이제 어둡고 면도하지 않은 얼굴로 나는 아침식사 위로 몸을 구부리고 있고, 나의 시드가 내 등뒤로 다가오자 화들짝 놀란다. 대화는 잘 굴러가지 않는다. 그는 숟가락으로 유리잔을 톡톡 두드린다. 나는 가이드북의 페

---

[1] 일본 헤이안 전기 시대의 가신이자 시인인 오노노 미츠네.

이지를 대충 넘겨보지만 '피니스테레' 항목은 보이지 않는다. 그곳이 조금이라도 흥미로운 장소일까? 그가 턱수염을 붙잡는다. "아마 아닐걸." 희미한 미소. "그곳에는 세상의 끝 말고는 아무것도 없어." 그리하여 우리는 피니스테레로 출발한다.

콤포스텔라에서 빠져나가는 길은 하나뿐이고, 우리는 그 길로 간다. 서쪽으로 차를 몰고 가는 동안 안개가 우리를 에워싼다. 몇 시간이 흐른다. 흐릿하게. 더 하얗게. 안개가 계속 겹겹이 쌓인다. 바깥―바깥이랄 게 없다. 바깥에는 어떤 존재도 없다. 갑자기 길이 끝난다. 우리는 차를 멈춘다. 내린다. 차를 잠근다. 걷기 시작한다. 안개의 갈라진 틈 사이로 이제 다시 길이 보인다. 우리는 한동안 그 길을 따라간다. 갑자기 길이 사라진다. 외침 한 번 들려오지 않는다. 생명체는 하나도 보이지 않는다. 그저 하얗기만 할 뿐. 둥글고 큰 바위들이 나타난다. 우리는 그것들을 오르기 시작하고, 내려가고, 미끄러지며 뿌리와 이끼를 움켜쥔다. 바위가 더는 나타나지 않을 때까지. 우리는 이쪽을 더듬으며 간다. 저쪽을 더듬으며. 갈 곳이 아무데도 없다. 그럼에도 우리가 있는 곳이 끝은 아니다. 찌르듯 응시하는 서로의 눈. 어느 빙하기의 찬 공기가 바다 아래의 원초적 폐부에서 맥박 뛰듯 올라오고 있다. 주위에 무적霧笛이 울리다 멈춘다. 먼 곳들이 서로

지나간다, 아주 멀리서. 그리고 어떤 동물의 외침—하얀. 차가운. "이제 돌아갈까?" 우리는 왔던 길로 물러나기 시작한다, 두 손을 번갈아 사용해 바위를 오르며. 안개는 여전히 밀려오고 있다, 하얗게, 불타오르며. 아무것도 보이지 않는다. 그리고 이제 우리는 완전히 길을 잃었다. 정정하겠다. 나는 길을 잃었다. 갑자기 정신을 압박하는 경계심을 느끼며 나는 주위를 둘러본다. 여기에는 나 말고 아무도 없다. 그리고 길도 없다.

순례자는 어째서 경구警句 같은가? 내일 내게 물어보라.

피니스테레

말린 연어도

순례자의 여윈 몸도

모두 엄동설한 속

―바쇼

세상의 끝 위로 무시무시한 잿빛 빛이 떨어진다. 그것은 사진을 느리게 만든다. 하지만 당신은 그을린 장소와 거대한 시간은 볼 수 있다. 눈으로 해안을 뒤진다. 바람은 없다. 그림자도 없다. 하나의 기복 없는 사건이 망망대해 위 잔물결을 타고 수평선을 향해 간다. 파수꾼처럼 가만히 그들은 서 있다, 그들은 쳐다본다, 입술을 움직이며. 그들이 다가오기 시작한다. 이제 그들은 내 뒤를 둘러보고 있다, 내가 떨어져 물결의 힘에 이리저리 가볍게 부딪힌 물의 가장자리를. 그들이 내 위로 몸을 구부린다. 그들은 뭐라고 말하고 있나? 아마도―아니다. 말은 내 안으로 한 번도 들어온 적이 없다.

　하지만 그중 한 명이 몸을 더 가까이 숙인다. 두려움이 나를 뒤흔든다. 우리가 이제 막 건네지려 할 때 가끔 그런 것처럼. 당신의 행동은 단순하다. 당신은 내 두 손paws을 붙잡고 내 가슴 위로 교차시킨다: 내가 성스러운 도시를 방문했으며 그곳의 물을, 여러 종류의 물을 맛본 사람이라는 징표로.

순례자들은 들고 다니는 게 적은 사람들이었다. 그들은 마음 위로 균형을 잡으며 그것을 들고 다녔다.

에 울트레야 에 수스에야 데우스 아디우바 노스![1]

---

[1] *E ultreja e suseja Deus adiuva nos.* '플랑드르 순례자의 노래' 후렴구 중 일부로 "'더 멀리, 더 높이, 하느님 우리를 도우소서!'를 뜻한다. 전통적으로 산티아고 순례길에서 한 순례자가 'ultreja(더 멀리)'라고 인사하면 상대편이 'et suseja(그리고 더 높이)'로 화답했다고 전해진다(반면에 'ultreya'가 '할렐루야'를 뜻한다고 주장하는 학자도 있다). 이런 전통적 인사법은 20세기 이후로 'buen camino(좋은 순례길 되세요)'로 대체되었다.

정말 비좁은:
'그저 스릴을 위해' 서문

물이 최고다.

―핀다로스[1]

기억은 과거의 것이다.

―아리스토텔레스

아니 그건 걔가 아니야.

―우리 아버지

분명 세상은 명확한 질문을 던지고 그 대답에 주목함으로써 얻을 수 있는 단순한 진실들로 가득하다. "저 여자는 누구지?" 어느 날 밤 나는 부엌으로 가려고 계단을 내려오다가 아버지가 어머니에게 그렇게 묻는 것을 우연히 듣게 되었다. 아버지가 나를 두고 그렇게 묻고 있다는 걸 깨닫기 전까지 잠시 시간이 걸렸다―그 무렵 아버지가

---

[1] 고대 그리스의 합창시인.

제정신을 잃어가고 있다는, 다른 여러 면에서 분명히 드러났던 사실을 내가 몰라서가 아니라, 아버지가 여자라는 단어를 사용했기에.

나는 아버지에게 '여자'가 아니었다. 나는 계단 중간에서 걸음을 멈췄다. 열두 살이나 열세 살이었을 무렵의 어느 밤이 떠올랐다. 똑같은 계단을 내려가다가 나는 아버지가 부엌에서 어머니에게 하는 말을 들었다. "아, 걔는 그들처럼 되진 않을 거야." 그렇게 말하는 아버지의 목소리에서는 일종의 광채가 뿜어져나오고 있었다. 아버지의 목소리에서 그런 광채를 느낀 것은 그때가 마지막이었다. 왜냐하면 머지않아 나는, 경악스럽게도, 그들처럼 되기 시작했기 때문이다―한문 격언이 이르듯, "어느 이른 아침, 구유에 피가 고여 있었다".

나는 피나 욕망에 대해 마음 편히 이야기할 수 있는 사람이 아니다. 나는 여자라는 단어를 사용한 적도 별로 없다. 하지만 그런 것들은 우리 존재의 당연한 사실이고, 아마 우리는 망각에 맞서 영원히 싸워나가며 이런 신호들을 끝까지 따라가야만 하는 것이리라. 사실을 말하자면, 나는 대체로 아버지에게 인정받지 못한 채 청소년기를 보냈다. 그런데 나는 내게 성별이 없다면 아버지를 덜 괴롭게 할 수 있을 거라고 여겼다. 아버지를 그렇게 지치게 한 것은 분노였다. 나는 내 몸을 아테나 여신의 갑옷처럼 단단하고 평평하게 만들었다. 내 피부 아래로는 아무 비밀도 없었고, 문지방 위로 떨어지며 고자질하는 핏방울도 없었다. 그러다 마침내 나는 발견했다―실은 순례에서의 금욕 생활 덕분에 발견한 것이긴 하지만―'여자'라는 당연한 사실을 완전히 억누를 수 있다는 것을. 나는 그렇게 했다. 불행히도 그때쯤 아버지는 신경쓰기에는 정신이 너무 이상해진 상태였다.

나는 오랫동안 혼자 살았다.

그후 내게 일어난 일은 사랑 이야기의 형태를 띤, 더 잘 기록되었다는 사실만 제외하면 다른 사랑 이야기와 크게 다르지 않은. 사랑은, 당신도 알다시피, 정신을 괴롭히는 사건이다. 나는 그 문제에 대해 인류학적으로 접근하는 게 좋다고 생각했다.

심지어 지금도 사랑이 나를 쓰러뜨렸다는 사실을 인정하기가 쉽지 않다. 나는 모든 놀라움으로부터 보호되는 삶을 살아왔었는데, 이제 갑자기 비탈 아래로 굴러가는 바퀴, 벽에 내던져진 빛, 배수로로 날려가 납작하게 뻗은 종이가 되어 있었다. 나는 나 자신의 언어와 습관에서 벗어나 있었다. 음, 그가 처음 내 집에 왔을 때 그는 곧장 안방으로 걸어 들어가더니 나와서 이렇게 말했다. "침대가 정말 비좁네." 어쩜 그럴 수가! 나는 소리 내어 웃을 수밖에 없었다. 그는 내게 거의 모르는 사람이나 마찬가지였다. 나는 말하고 싶었다, 내가 살던 곳에서 사람들은 아이용 침대나 병상의 경우를 제외하면 침대에 대해 이야기하지 않는다고. 하지만 나는 그러지 않았다. 사랑에 빠진 인간은 끔찍하다. 우리는 그들이 선사시대의 늑대처럼 서로를 갈구하게 되는 모습을 본다, 우리는 그들 사이에서 뿌리나 영혼처럼 사투를 벌이는 무언가를 보고, 그것은 잠시 확 타오르다가 그들에 의해 박살나버린다. 그들 사이의 차이가 뼈까지 박살내버린다. 뼈는 정말이지 연약하다. "그래, 정말 비좁은 침대지." 나는 말했다. 그리고 바로 그 순간, 나는 다리 안쪽에서 무언가 흘러내리는 것을 느꼈다. 13년 만에 처음으로 흘린 피였다.

사랑은 저절로 말해지는 이야기다—다행스럽게도. 나는 로맨스를 좋아하지 않으며 서정시 같은 표현을 쏟아낼 재능도 없다—그럼에도 나는 연애하는 동안 여러 권의 공책에 정보를 채워넣으며 나 자신을 발견했다. 나 자신에 관해 해명해야 할 무언가가 있었다. 나는 그 무언가를 외국처럼 여행했고, 그곳의 행동 양식을 메모했고, 그곳의 관용구를 베껴썼고, 드물고도 부주의한 친족 어휘의 사용을 찾아 인류학자처럼 돌아다녔다. 하지만 친족 관계 자체가 개구리 다리처럼 뛰어올랐고, 그러고는 조용해졌다. 나는 남자와 여자 사이의 친족 관계가 터무니없고도 완전하고 탁월하며 언어로 가득한 것일 수 있다는 사실을 발견했다. 그럼에도 그것은 언어 능력을 지니고 있지 않을지도 모른다. 그게 말이 되나?

어느 날 밤—아버지의 정신이 이상해지기 시작한 첫해의 겨울이었다—나는 부엌 테이블에 앉아서 크리스마스 선물을 포장하고 있었다. 아주 느리게 계단을 걸어내려오는 아버지의 모습이 보이더니, 아버지가 내 앞에 양손을 내밀었다. 아버지의 양손에는 언어와 언어 능력이 들려 있었다, 분리된 채, 그리고 아버지가 말을 시작하자 그것들은 종의 추가 담긴 봉투처럼 떨어져 온 바닥에 쏟아졌다. "어떻게 된 일이니 너에게 나에게 누구인? 사슴이 있었어. 그건 내가 아니지. 몇 마리나? 아니. 어떻게? 네가 뚝뚝 떨어뜨린 건 어떻게 했니 아니 뚝뚝 떨어뜨리지 않고 어떻게? 너에게는 계좌가 있었고 하나는 날아가 버렸지. 그건 아니야. 아니? 나. 아니. 어떻게? 어떻게?" 아버지는 갑자기 계단 맨 아래 단에 앉더니 시선을 내 쪽으로 돌렸다, 내가 대체 누구인지, 혹은 자신이 어째서 거기 나와 함께 있게 되었는지, 혹은 다음에 무슨 일이 일어날지 분명 전혀 알지 못한 채. 나는 그렇게 벌거벗겨진 인간은 한 번도 본 적이 없었다. 아버지의 얼굴은 이제 막 깃털이 다 자란 어린 새의 얼굴이었다, 저녁에 새로 돋아난 잎의 술 장식에 둘러싸인, 본래 그대로의 공포가 할짝할짝 핥은.

때로 당신은 그냥 갑자기 끊겨버리는 가장자리에 이르게 된다.

내 침대를 비좁다고 말한 그 남자는 조용한 사람이었지만 좋은 질문을 던질 줄 알았다. "너는 나를 정말 사랑하는 것 같아, 네 방식대로." 새벽이 다가오는 어느 날 밤, 함께 좁은 침대에 누워 있을 때 나는 그에게 그렇게 말했다. "그럼 내가 너를 달리 어떻게 사랑할 수 있겠어, 네 방식대로?" 그가 물었다. 나는 여전히 그 문제에 대해 생각하는 중이다.

남자는 이렇고 여자는 저렇고, 남자는 이걸 하고 여자는 저걸 하고, 여자는 어떤 걸 원하고 남자는 다른 무언가를 원하지만 지난 몇 세기 동안 누구도 그게 왜 그런지 이해하지 못하는 듯하다. "네 아버지는 매일 들판에서 돌아오면 낡고 더러운 모자를 우리가 곧 식사할 내 깨끗한 식탁보 위에 던지곤 하지—식탁 위에 땀 밴드 올리지 말라니까!" 하고 어머니는 말한다, 여전히 몹시 화를 내며, 그리고 아버지가 그렇게 된 지 얼마나 됐더라? 오래됐다.

그저 스릴을 위해:
여자와 남자의 차이에 대한 에세이

인디애나주, 차이나 China**시**

슬리퍼처럼 뜬 금빛 달 아래, 앞유리에 몇 줌의 안개가 쏟아지고 라디오에서는 레이 찰스가 흘러나오는 가운데, 새벽 3시의 인디애나주 유령 옥수수밭을 덜컹거리며 지나가면서, 나는 여자와 남자의 차이가 끝없는 바다 같다고 생각하는 중이다. 뉘우치면 피안으로 건너갈 수 있다, 라고 한문漢文 격언은 말한다. 당신은 내 밤을 낮으로 바꾸었고 당신은 내 꿈을 실현시켰네, 라고 레이 찰스는 말한다, 당신은 스릴을 안겨주네 당신은. 우리는 이른 아침부터 차를 몰고 있다, 버지니아주의 선명하고 엄숙한 푸른 언덕에서부터, 1963년의 잉크처럼 검은 어느 밤에 잭슨 장군[1]이 아군의 총에 맞았던 산길에서부터. 십자포화. 십자포화 이후로는 별로 할말이 없다. 너에게 사랑이란 어떤 거지?라는 질문을 던질 방법을 나는 찾지 못하고 있다, 어둡고 스릴 넘치는 몇 마일을 소리 없이 유령처럼 지

---

1   남북 전쟁 당시 남부 연맹의 장군이었던 토머스 잭슨.

나고 오래된 지구가 한여름의 유성우 쪽으로 기울기 시작하는 동안. 어둠 속에서 그의 얼굴 가장자리를 바라보는데, 무언가가 내게로 다가온다. 당신은. 스릴을 안겨주네. 당신은.

인디애나주, 40번 국도

지난밤 우리가 차를 몰고 뇌우가 쏟아지는 웨스트버지니아주를 가로지르는 동안 나는 축첩蓄妾 제도에 대해 생각하고 있었다. 몇 시간이고 달리고, 산과 산을 지나거나 둘러 가고, 하나의 끝없는 사고를 일으킬 작정이기라도 하듯 갑자기 치는 번개에 강렬하고 하얗게 번쩍이는 광산촌들을 통과하며. 때로는 베이징 주변의 일반 대중 가운데 3백 명의 소녀가 한꺼번에 자금성에 입성하기도 했다고 그는 내게 설명하고 있었다. 아홉 살에서 열네 살에 이르는 소녀들. 황제의 소유물이 된. 비취옥에 비유되었지만 여전히 향기로웠다고 말해지는. 트럭 뒷좌석은 사전과 어학 테이프로 가득하다. 그는 중국을 연구하는 인류학자로, 이번 미국 횡단 여행을 한문 공부의 기회로 삼고 있다. 내가 짐작하는 한, 전적으로 금언으로 이루어진 언어. 이를테면, 사랑에서 여자는 원하는 것을 얻고, 남자는 필요한 것을 얻는다. 글쎄 그것은 1년 전쯤의 일이었다, 우리가 연인이 된 것은, 내가 원했던 것은 끌어당김을 멈추는 것뿐이었다. 끌어당김 끌어당김 끌어당김. 그것은 내 양팔을 끌어당기고 있었다. 내 두 눈을 끌어당기고 있었다. 내 폐부를 끌어당기고 있었다. 내 두 다리 뒤쪽의 땀을 끌어당기고 있었다. 밤에도 끌어당기고 있었다, 온종일 끌어당기고 있었다, 떨어짐이 아니라 끌어당김, 불타오름이 아니라, 문제가 아니라, 끌어당김이 어떻든 뭐가 문제란 말인가? "그건 그저 사랑일 뿐이야." 그는 그렇게 말하곤 했다, 소리 내어 웃으며, 내 옷의 단추를 열며. 그는 우리의 삶을 "이 호사로운 것"이라고 불렀다. "영원히 호사로운 건 없어." 나는 말했고, 그러면 그가 말했다. "괜찮아, 어차피 우리에겐 시간이 많지 않으니까." 사랑이 그를 정말 행복하게 만든 나머지 나는 그를 중국 황제라고 부르기 시작했다. 호사스러움이 떨어져나간 자리들이 있었다, 내가 기다린 자리들이. 나는 무언가가 번쩍이며 열리는 것을 보았고, 그러고는 그것을 잃어버렸다.

퀘백주, 라신 Lachine[2]

그가 내 사무실 문 앞에 나타난 것은 1년 전쯤의 일이었다. 천둥이 치는 음침한 어느 가을날 오후, 나는 불을 모두 켜두고 있었다. 그전에 파티에서 그와 한 번 이야기를 나누었던 것 같았다, 아마도. 그가 들어왔다. 미소를 지었다. 자리에 앉았다. 중국 예술에 관해 이야기하기 시작했다. 그의 뒤로는 문이 열려 있었고, 복도는 천천히 비워졌으며, 어둠이 들어왔다. 나는 생각했다, 음 저 긁는 듯한 목소리에 익숙해지려면 시간이 좀 걸리겠는걸. 마침내 나는 집에 가야 한다고 말했다. 그가 자리에서 일어났다. 미소를 지었다. 밖으로 나갔다. 이틀 후 그가 다시 나타났다. 들어와서 문을 닫았다. 책상 주위를 걸어다녔다. 미소를 지었다. 그 긁는 듯한 목소리. "그냥 당신에게 키스를 해주러 왔어요." 그는 말했다. 나는 소리 내어 웃을 수밖에 없었다, 무엇이 여자를 소리 내어 웃게 하는가? "키스를 해주러 왔어요." 그 이상한 표현. 우주 공간에서 날아온 가벼운 입자처럼 그것은 나에게로 왔다. 1년 후 나는 다시 소리 내어 웃었다, 함께 트럭을 타고 미국을 횡단하자고, 삼림 보호 구역에서 캠핑하며 로스앤젤레스까지

---

2 중국을 뜻하는 프랑스어 '*la Chine*'에서 유래한 지명.

가자고 그가 말했을 때. 글쎄 언어는 변화 속에서 살아간다, 지금의 나를 보라. 2음보 단어를 가져다가 상처의 양 가장자리처럼 눌러보라. 황제, 첩, 불, 종이.[3] 너무 지나친 사랑, 사랑도 아닌 사랑.

인디애나주, 오리올

중국처럼 검은 비가 내리는 인디애나주의 밤에 아주 오래된 나무들이 위쪽으로 흘러가고, 긴 강이 약탈하고 작살질하며 흘러가는 소리에 귀를 기울인다. 가슴 위로 팔짱을 끼고 똑바로 누운 채, 이는 내가 느끼기에 생각하는 데 도움이 되는 자세이고, 한편 내 옆에는 황제가 잠들어 있다. 숲의 새들은 밤새 함께 앉아 있지만, 동이 트면 이제 누가 적인지 불분명해진다. 텐트 지붕에서 새는 빗물이 목록의 항목처럼 차례로 내 이마를 똑똑 때리고 있다. 나는 불을 피우는 데 서투르다. 텐트를 접는 데 서투르다. 트럭을 운전하는 데 서투르다. 폴대를 다루는 데 서투르다. 뱀을 처리하는 데 서투르다. 커피를 끓이는 데

---

[3] 각 번역어의 원어에 해당하는 'emperor' 'concubine' 'fire' 'paper'는 모두 2음보로 읽을 수 있다.

서투르다. 빨랫줄을 다루는 데 서투르다. 칼 사용에 서투르다. 물을 떠 오는 데 서투르다. 짐을 푸는 데 서투르다. 짐을 싸는 데 서투르다. 단파 라디오의 주파수를 맞추는 데 서투르다. 글쎄 캠핑의 인류학이란 체력을 요하는 주제다. 우리는 그것의 기록을 적어도 1553년 여름까지, 그러니까 중국의 하데스 황제[4]가 3백 명의 궁녀와 1,110개의 이동용 상자에 실은 세간을 포함한 황궁을 짐처럼 싸서 경치를 감상하러 타오허Ta'o River, 洮河로 트레킹을 떠났던 때까지 추적해볼 수 있다. 당시 그의 배우자는 마흔 살의 쳉 부인으로, 그녀는 그가 출판물―거의 상자 백 개 분량의 시, 에세이, 의학 교과서, 희곡, 탐정소설, 포르노물―을 읽는 기쁨을 함께한 인물이었다. 우리에게는 무엇이 여자를 여자로 만들었는지, 무엇이 여자의 입술을 벌어지게 하고 눈을 감기게 했는지에 관해 황제가 직접 쓴 붓글씨 작품이 네 점 남아 있다. 그것은 그 시대에 개발된 건조하고 탄탄한 스타일의 아름다운 두루마리에 쓰여 있다.

새벽. 황제가 침낭에서 몸을 돌린다. 눈을 뜬다. 미소를 지으며 조용히 말한다. "나를 범해줘." 옆에 있는 옥그릇을 깨트릴까 두려운 마음에 쥐를 잡는 데 서투르다, 라고

---

[4] 가상의 인물이다.

한문 격언은 말한다. 쳉 부인의 특별한 관심사는 지도 제작이었다.

퀘백주, 라신

욕망하는 것과 욕망의 대상이 되는 것, 그중 뭐가 더 단순할까? 여자는 단순한 이야기를 할 줄 몰라, 아버지는 그렇게 말하곤 했다. 글쎄 비디오테이프에서 보이는 건 이렇다. 당신은 욕망이 또다른 영혼의 완전히 어두운 나라로, 절벽이 갑자기 끊겨버리는 곳으로 여행을 떠나는 것을 본다. 그 위로 차가운 빛이 달빛처럼 내린다.

　그것은 1년 전쯤 보름달이 뜬 어느 밤의 일이었다, 내가 처음으로 그의 집에 간 것은. 나는 단추가 달린 회색 원피스를 입었고, 밤에 남자의 집에 간 것은 그때가 처음이라고 그에게 말하지 않은 채 닭 요리를 먹었다. 그러고서 그는 각각의 냄비를 아주 주의 깊게 설거지했다. 싱크대에 서서 그는 각각의 냄비를 헹궜다. 그곳에 서서 그는 각각의 냄비를 건조시켰다. 그러고는 말했다. 돌아서며, "이 원피스가 마음에 들어."(왜?) "왜냐하면 아주 여러 방법으로 벗길 수 있으니까."

　자신을 보물로 여기는 여자는 곧 그 보물과 헤어진다, 라고 한문 격언은 말한다. 인생을 단순한 이야기가 아니라 인생으로 만드는 것은 무엇인가? 삐죽삐죽한 부분들이 한시도 멈추지 않고 움직인다, 온 벽에 걸쳐.

인디애나주, 올튼

인디애나주에서는 길을 잃기 쉽다, 옥수수밭은 전부 비슷해 보이고 내게 지도는 아무런 도움도 되지 않는다. 새벽 4시, 텐트를 칠 생각을 하기에도 너무 지친 우리는 트럭에서 빠져나와 홀리마운트 성결교회의 풀밭에서 잠을 잔다. 이제 새벽이고, 옥수수밭 위로 뜨거운 은빛 안개가 꽉 차 있다. 황제는 잠에 빠진 채 누워 있다. 나는 그곳을 벗어나 천천히 뜨거워지는 하늘 아래 어두운 오하이오 나일강이 갈대 제방을 가득 채우고 있는 강가로 내려가 본다. 강의 생명이 수면에서 명상한다. 고요한 작은 배들. 검고 파란 은빛. 아주 사소한 태도에 사로잡힌 어부들. 은빛의 파란 검은색. 나는 중매결혼에 대해, 그것의 경제성에 대해 생각하는 중이다. 우선 결혼하고, 그러고는 알게 되고, 그러고는 사랑에 빠진다. 그 세 가지. 결혼은 황제의 관심을 끌지 못하지만, 경제성은 그렇지 않다. "하나의 텐트에는 두 가지 용도가 있지." 비가 오지 않는 어느 날 밤 그가 하늘을 힐끗 쳐다보며 말했다.

당시 열네 살이던 하데스 황제가 군대의 요구로 평민의 딸과 서둘러 정략결혼한 것은 10월 어느 화요일의 일이었다. 결혼식 다음날 황제는 어머니의 지시하에 새 첩을 아홉 명 들여서 밤늦게까지 그들과 즐겁게 놀았다. 학자들의 기록에 따르면 그 여자들 중 한 명이 음란하거나 잘 모르는 노래를 부르라는 황제의 명령을 거부하고는 즉석에서 사형—머리의 장식 술을 잘라버리는 것으로 행해진 상징적 형벌—을 선고받았다고 한다. (개입하려던 수행원은 곤장 60대를 맞았다. 목숨은 부지했으나 한쪽 엉덩이를 잃었다고 전해진다.) 쳉 부인은 1601년 황제의 장례식 때까지 잘린 장식 술을 간직했다.

인류학은, 결혼이 그러하듯, 전뇌前腦의 활동이다. 우리가 생각을 혹사해서 충동을 천천히 제거하면, 낮의 비명은 천천히 질서정연한 욕정으로 잦아든다. 살아 있는 개가 죽은 사자보다 낫다, 라고 한문 격언은 말한다. 만일 당신이 아래로 내려가고 있다면 그것은 벽이다. 그것이 내가 전하는 메시지다. 그 벽을 오르라.

인디애나주, 셸린호수

캠핑은 맨 위쪽 등뼈에게 가혹하다. 햇빛에 달구어진 인디애나주는 비단 베개가 아니다. 그것은 아버지가 크게 화를 내며 깨어난 그날 아침을 떠오르게 한다, 아버지는 침대에서 일어나다가 목뼈가 어긋났다. 좋았던 일을 말하자면, 아버지는 주행거리를 대단히 좋아해서 매주 일요일 우리를 차에 태우고 경치를 감상하러 나갔다. 진입로를 빠져나가는 동안 아버지는 주행 기록계를 힐끗 보고는 이렇게 외치곤 했다. "자, 이제 누군가가 이 숫자를 기억하도록 하렴!" 그 누군가란 바로 나였다. 나는 그 숫자를 기억했다. 몇 시간 동안, 몇 년 동안.

나는 여자들이 도중에in the middle 임무를 받길 좋아한다고 믿는다. 텐트 치는 건 신경쓰지 마, 그냥 이 폴대나 잡고 있어. 그냥 이 버킷이나 가득 채워. 그냥 이 양파나 썰어. 그냥 이 크기의 폴대나 다 모아. 도중에 하는 일에서는 타이밍이 중요하고, 나는 욕설이 멈출 때가 바로 내가 폴대를 붙들고 있을 때라는 걸 안다. 정확성은 중요하다, 숫자가 무엇을 위한 것이냐에 따라서, 하지만 보통 나는 시간이 지나고도 그것을 알아내지 못한다. 좋은 성격은 중요하다, 여신상 기둥은 종종 그것이 들어가 있는 건축물보다 더 오래간다. 그리고 이제—텐트 말뚝이 내 양손을 뜨겁게 하고 있다, 아버지의 목소리가 들려온다, 제발 자라서 그런 쓸모없는 여자는 되지 말거라. 아버지는 일을 제대로 할 줄 아는 사람이었다. 뭐 당연한 사실들이 보통 나를 피해가는 건 사실이다. 그럼에도, 그것이 일렬로 늘어선 밀밭처럼 불붙는 것을 보면서도 아무것도 하지 않는다는 것은, 그냥 거기 서서, 얼굴은 점차 뜨거워지고, 손가락 관절은 늘어뜨린 채 ― 공범! 그게 바로 나다. 여자들은 순수하지 않고, 그들은 그게 바로 도중the middle의 냄새가 그렇게 좋은 이유라는 걸 안다. 웃지 않는 사람은 장사를 해서는 안 된다, 라고 한문 격언은 말한다. 한자에서 여자를 뜻하는 원래의 상형문자는 절하는 여자의 모습을 본뜬 것이다. 나중에 그 글자는 무릎을 꿇고 있는 사람의 모습으로 축소되었다. 쓰기 쉽도록.

인디애나주, 인디언호수

캠핑은 도Tao, 道[5]와의 합일이다. 형상과 육신을 버려라, 청각과 시각을 거부하라, 위계질서를 잊어라, 그러면 그대는

---

[5] 앞서 등장한 타오허(Ta'o River)의 'Ta'o'와 동음이의어라는 사실에 착안한 언어유희.

무한한 것과 하나가 될지니, 라고 한문 격언은 조언한다. 인디애나주에서 우리는 귀뚜라미 소리가 만들어낸 완전히 검은 도 속에 텐트를 쳤다. 밤이 곧 집이고, 이 하나의 소리가 그 집의 네 벽이다. 귀는 듣기 위해 멈추고, 정신은 일치시키기 위해 멈추고, 영혼은 수만 가지 일을 잊는다. 우리는 어둠 속에 나란히 눕는다, 지골指骨의 두 쪽처럼 — 똑같은 지골? 귀뚜라미들은 그러하다.

일리노이주, 19번 국도

옥수수밭에 옥수수밭에 또 옥수수밭. 일리노이주 남부를 통과하고 하늘의 양끝이 추락하듯 열리는 침울한 미주리주를 지나 하늘의 양끝이 떨어진 채로 머무는 뜨거운 캔자스주로. 또다른 사실은 네가 아는 한 가지는, 라디오에서 카르멘 맥래가 노래하고 있다, 나는 자유로워지고 싶지 않아. 캠핑에 관해 말할 수 있는 한 가지는 그것이 여자와 남자의 차이에 맞서는 훌륭한 방법이라는 것이다. 내가 운전하는 동안 황제는 창밖 풍경을 비디오테이프에 담고 있다. 옥수수밭을 뜻하는 한자와 자신을 뜻하는 한자를 더하면 자유가 된다고 내게 설명하며. 글쎄 나는 나 자신으로부터 영영 떠나려고 이 오지 여행을 시작했다. 그림처럼 그것은 지워질 것이다, 나는 그렇게 생각했다, 그리고 고통도. 왜냐하면 욕망은 예술 작품의 고통이 지닌 비밀과도 같은 것이니까, 상대 연인의 몸 표면 위에 분산된 채, 모든 곳에 존재하는 동시에 어디에도 존재하지 않는 욕망은. 당신도 알잖아 내가 차라리 눈먼 여자가 되고 말거라는 걸. 나는 욕망을 비디오테이프에 담으려고 이 오지 여행을 시작했다―이 세상의 그 무엇과도 정확히 대응하지 않는 대상에 관한 저렴하고 신속하고 정확한 사실들을 손에 넣으려고. 당신이 또다른 사랑과 함께 떠나는 모습을 보느니.

미주리주, 마사스빌

남자들이 원하는 것은 무엇인가? 그들은 쾌락에 관해 이야기한다. 그들은 사나워진다; 그러고는 축 처지고, 그러고는 잠든다. 내가 알아차리지 못하고 있는 무언가가 있나? 한문 격언은 알아차림에 있어서 다섯 가지 상태를 인정한다. 그것은 무엇과 같지 않다. 그것은 무엇과 같다. 그것은 그저 그것과 같다. 그것은 오로지 이것과 같으며 다른 무엇과도 같지 않다. 그것은 그것이다. 상태들의 궁극적 본성은, 이를테면 그저 물과 같다. 물의 궁극적 본성은 남자들의 쾌락과 같다. 남자들의 쾌락이 지닌 궁극적 본성은 여자들의 쾌락과 같지 않다. 거대한 용의 발로 하늘을 떡 벌어지게 하며 수수밭을 질주하는 미주리주의 뇌우, 당신은 그것이 가까이 있는지 멀리 떨어져 있는지도 모른 채 그것이 당신 쪽으로 다가오는 것을 반나절 동안 서서 지켜볼 수 있다, 당신은 그것이 자신 속으로 접혀서 물처럼 조건 없이 사라지는 것을 볼 수 있다ㅡ그것은 다른 무엇과도 같지 않다, 오로지 이것과 같다. 공기는 살인殺人처럼 어둡다. 라디오가 지직거린다. 빗속에 서 있네, 로버트 존슨이 노래하고 있다, 내게는 비 한 방울 떨어지지 않았네. 여자들이 사랑을 나누는 방식을 남자들이 부러워한다는 게 사실일까? 느리고 영적이라고 황제는 그것을 설명한다. 내 옷은 흠뻑 젖었네. 이따금 그가 눈을 감고 말한다. "나를 네 어린 남창男娼으로 삼아." 하지만 내 피부는 더없이 건조하네.

캔자스주, 6번 국도

벽을 따라서 빛이 천천히 달린다. 우리는 서쪽으로 차를 몰고 있다, 지평선의 초록빛 한계가 한없이 펼쳐져 있다. 구름보다 더 큰 구름. 나는 초록색에 대해 궁금해하고 있다. 왜 그것은 소리가 병甁 속에서 아픈 것처럼 아픈가. 그것이 2백 마일 떨어진 곳에서 한줄기씩 속도를 높이는 게 보인다. 하지만 황제는 오늘 역사적 분위기에 빠져 있다. 그는 미국의 경험에 대해 아는 게 많다. 1880년대에 처음으로 캔자스주의 위도 80도선에 왔을 때 정착민들은 그곳이 건조할 거라는 걸 알았지만, 기도로 기후를 좌우할 수 있다고 믿고서 마을 이름을 버마나 멤피스로 짓고는 빛을 비웃었고, 아니나 다를까 약 10년 동안 정말 기도가 효력을 발휘하긴 했다. 그러고는 바람이 변했다. 그리고 불멸하는 다이아몬드 같은 첫번째 고통이 그들을 성냥처럼 그었고, 그들을 완전히 불태워버렸다. 그가 하는 말은 이게 아니지만, 내가 아는 바에 따르면 그렇다. 나는 식물이 정오에 땀을 흘리고 나에게 덤벼드는, 방을 가로질러 나의 정신을 철썩 때리는 방식을 지켜보는 사람이다. 그게 바로 나다, 그 세 가지가.

캔자스주, 캔자스시티

캠핑에서는 사라진 부족의 수수께끼 같은 의식이 인류학자에게 들이닥친다. 나는 지도를 읽는 법을 배우는 중이다. 지도에는 작은 숫자가 아주 많다. 나는 지도를 보며 우리를 캔자스주 너머로, 일그러진 펜더와 자동차 부품이 여기저기 흩어져 있는 커다란 폐허 속으로 인도한다. 출구 찾기가 어렵다. "여자들은 지도를 모르지, 지도를 볼 줄 아는 여자는 한 번도 만난 적이 없어." 황제는 말한다. 뭐 나는 오랫동안 여자가 아니었고, 나는 계속 지도를 읽으려고 노력할 것이다. 섹스가 욕망을 모방하는 것과 어느 정도 동일한 방식으로 지도는 현실을 모방한다, 멋없게. 나를 네 어린 성 노리개로 삼아, 우리 중 한 명이 어두운 텐트의 밤 한가운데에서 속삭이는 소리가 들려온다—그 나라로 인도하는 지도를 찾으려면 나는 어디로 가야 하나?

캔자스주, 로런스

캠핑은 상호 역설의 체계다, 모든 사라진 부족이 그러하듯—외부와 내부, 공간과 표면, 사랑과 욕정. 그것들이 뒤바뀌는 것을 조심하라. 그럼에도 나는 불 피우는 법을 배우는 중이다. 그것은 나뭇가지를 크기별로 엄격하게 배열하는 것과 크게 관련되어 있다. 나는 내 나뭇가지를 정렬하길 즐긴다. 그 일이 끝날 무렵에는 아침을 먹기 너무 늦었고, 우리는 차를 몰고 시내로 점심을 먹으러 간다.

"종이는 불이고, 불은 종이야." 한문 격언을 인용하며 황제가 말한다. 이게 도움이 되는지는 잘 모르겠지만 나는 계속 노력할 것이다. 깨우침은 장소가 아니다, 그곳에 가려고 서둘러봐야 아무 소용도 없다.

캔자스주, 로런스

축첩 제도는 언어 인류학자들이 "욕망의 문법에서의 한정 대격對格"이라고 부르는 것이다. Bed(같이 자다)는 전치사를 요구하지 않는다, 그것은 단순한 행위 동사일 뿐. 단순한. 단순한 밤들. 위잉. 찰칵. 진실한. 나는 계속 진실을 말하려 애쓴다, 계속 애썼다, 당신에게, 그에게, 거기 있던 말들로. "카메라는 저렴하고 신속하고 정확한 사실들을 대중에게 전해준다"고 백남준은 1957년의 비디오 에세이 〈노 아이디어 오브 더 홀리No Idea of the Holy〉[6]에서 말했다. 하지만 나의 사실들은 언어 사이로 스르르 빠져나간다, 언뜻 본 사라진 부족처럼.

내가 처음으로 그의 집에 간 것은 10월의 어느 고요한

---

6 독일의 종교학자 루돌프 오토의 저서 『성스러움의 의미(Das Heilige)』의 영어판 제목 'The Idea of the Holy'를 비튼 제목으로, 종래의 성스러움의 의미를 부정하는 뉘앙스를 담고 있다.

밤이었다. 나무들은 조용히 가지를 드리우고 있었다. 우리는 침대 옆에 서 있었다. 화요일. 내 정신의 일부는 조용한 외부에 귀를 기울이고 있었고, 다른 일부는 오싹함을 느끼며 내 원피스의 단추를 푸는 그를 응시하고 있었다. 맨 위에서부터 시작해서. 하나씩 차례대로. 어떤 남자들은 여자들만큼이나 질서정연한 성격이다, 나는 그렇게 생각하고 있었다. 피가 날까? 하고 나는 궁금해한다. 그리고 나는 말한다. "너무 외로워." 그러자 그는 말한다. "누워서 내게 말해봐."

당신은 이를테면 오로지 발만 비디오테이프에 담을 수 있다. 오로지 여자의 발만. 오로지 전족纏足을 한 여자의 발만.

캔자스주, 로런스

깨우침은 쓸모없지만 그것의 몇몇 원칙은 그렇지 않다—이를테면, 비인습성. 이는 만일 당신이 분투하는 누군가를 보거든 분투의 대상이 무엇인지 묻지 말고 그를 도우라는 것을 의미한다. 비단 모자 안에 바글거리는 구더기, 라고 한문 격언은 말한다. 황제는 가짜 음경을 단 여자와 사랑을 나눈다는 생각을 좋아한다. 나는 그의 일부인 것은 무엇이든 무시하지 않으려고 애쓴다. 그것은 누군가가 죽는 모습을 지켜보는 것과 약간 비슷하다.

캔자스주, 로런스

로런스에서 보낸 나흘. 자동차 고장. 접착력이 떨어지고 있다. 아침에 일어나기가 힘들다. 나는 뜨겁고 파란 캔자스주를 머리 위로 끌어올린 채 황제가 자동차 문제를 해결하러 자리를 뜰 때까지 가만히 누워 있는다. 뜨겁고 파란 하늘의 소리. 빛을 긁는 풀의 냄새. 완전히 신경의 벽을 이룬 귀뚜라미 소리. 베일 뒤에는 무엇이 있나? 다시 잠든다. 긴 풀의 악몽 속으로, 먼 산으로 떠나는 순례 속으로. 다른 이들은 이미 몇 시간 전에 출발했다. 크게 상심하고 심술이 난 나는 호텔을 마구 돌아다니며 내 장비를 찾아 모으려 애쓴다. 안경을 떨어뜨린다. 무릎을 꿇고 기면서 필사적으로 깨진 조각을 모으고는 눈알에 끼우고 급히 달려나간다. 아침의 황량한 돔. 텅 빈 도로. 그곳의 돌멩이. 심지어 떠돌이 개 한 마리 없다.

    나는 모든 생명에 적용되는 하나의 법칙을 찾아내고 싶었다, 나는 두려움을 찾아냈다. 내 악몽의 목록은 이곳에서 빠져나가는 길의 지도다.

캔자스주, 20번 국도

그것은 바위다 물이 아니라. 하늘의 파란 법칙이 망치로 내려치듯 우리에게 열기를 퍼붓는다. 나는 눈을 감은 채 말하고 있는데, 빛 때문에 눈이 아프기 때문이다. 오늘의 빛은 면도날을 녹여 만들어낸 것만 같다. "확실성은 환상이야." 황제가 말한다. "우리는 개연성이 지배하는 세상에서 살고 있어." 물이 아니라. 바위. 인류학자들은 눈을 감은 사람이 하는 말을 듣지 못한다, 당신은 그렇다는 걸 알고 있었나? "인류학자들은 완벽한, 정확한, 순수한, 완전한, 최종적인, 궁극적인, 절대적인 같은 단어들을 사용하길 *꺼려*." 그가 말을 잇는다. "진정한 이름 같은 개념들을. 로키산맥은, 있잖아, 1804년에 북부 안데스산맥이었다가 광휘의 산맥으로 바뀌었고, 다시 마법의 산맥으로 바뀌었어. 혹은 재즈 뮤지션을 예로 들어보지. 재즈 뮤지션들은 즉흥 연주에 완전히 빠져들었을 때 그걸 에그플랜팅[7]이라고 불러—그렇다는 거 알았어?" 바위. 너에게 사랑이란 어떤 것이지?라는 질문은 언어와 관련된 것이기도 하다. 나는 눈을 감은 채 듣고 있다, 그리하여 벽의 소리를 들을 수 있게. 모든 사라진 부족은 어떤 단어들

---

[7] '가지'를 뜻하는 'eggplant'에서 유래한 표현.

을 위험으로부터 지킨다. 이것은 나로 하여금 밤늦게까지 그동안 배운 것을 기록하게 만드는 연구다, 내게 아직 시간이 있을 때—그 방식, 약탈, 생소한 존재. 우리가 사용하는 단어들 안에서 산산조각난 무언가. 사랑? 둘이 함께 누우면 열기가 생겨난다. 연인? 좋은 연인. 더 좋은 연인. 당신의 연인이 되면서 느끼는 사랑. 내가 만났던 최고의 연인들 중 한 명. 가지aubergine보다 나은. 만났던. 만났던. 만났던. 상자를 멈춰라.[8]

캔자스주, 토피카

캠핑은 그 어떤 무술만큼이나 당신의 영혼을 결속시킨다. 그것의 도道는, 이를테면 칼에서 분명히 드러난다. 텐트에서 황제는 2피트 길이의 마체테 하나를 옆에 두고 잔다, 맥가이버 칼 하나, 잭나이프 하나, 이탈리아제 빵칼 하나, 외과용 메스 하나, 그리고 손톱깎이 네 개. "그거 만지지 마." 어느 날 아침 내가 마체테 쪽으로 몸을 구부리자 그가 말했다. "까딱하면 손을 벨 수 있거든." 우리가

---

[8] Stop the box. 도박판에서 쓰던 말로, 주사위를 굴리거나 판돈을 관리하는 소위 박스맨에게 보내는, '더이상 베팅을 받지 마라'는 의미의 신호.

로드킬당한 오소리 옆을 지나간 날 그 잭나이프는 유용하게 사용되었다. 이제 그 오소리의 꼬리는 이 트럭 백미러에 매달려 흔들리고 있다. 당신은 대체 어떻게 생겨먹은 남자인 거지? 라디오에서 에타 제임스가 노래한다. 도무지 만족할 줄을 모르니.

크리스마스이브가 되면 아버지와 나는 숲에 나무를 베러 가곤 했다. 긴 양말에 장화를 신고 깊이 쌓인 눈을 헤치고 가던 두 명의 믿음직한 나무꾼. 아버지는 톱을 들고 나는 도끼를 들었다. "손 다칠라." 아버지는 말했다. 나는 아버지를 따라가며 외쳤다. "아니에요. 아니에요. 그러게요." 그러다가 우리가 적절한 나무를 발견할 때까지. 아버지가 나무를 베는 동안 서 있었다. 아버지가 나무를 다듬는 동안 지켜봤다. 우리는 함께 그것을 집으로 끌고 갔다. 하지만 작년 크리스마스 때는 그러지 않았다. 당신은 대체 어떻게 생겨먹은 남자인 거지? 어머니와 나는 평소처럼 우리의 할일을 계속해나갔다—불타버린들 무슨 상관이란 말인가? 아무리 애를 써도. 파자마 차림에 페도라를 쓴 아버지는 위층에서 옛날 달력을 사방에 펼쳐놓은 채 그날이 무슨 요일인지 알아내려 하고 있었다. 그날은 화요일이었다. 나는 톱과 도끼를 들고 나갔다. 힘들진 않았다. 나는 기쁜 마음으로 나무를 잘랐고 눈은 사방에 흩날렸다. 훌륭한 발삼나무. 나는 그것을 집으로 끌고 갔다.

두려운 마음이 들었다. 아버지가 화낼 거라는 걸 알았다. 나는 위층 창문을 쳐다보며 생각했다, 얼마나 화내실까? 나는 뒷문으로 들어갔다, 계속 쳐다보면서. 아버지는 그곳 부엌에 있었다. 나무와 톱과 도끼를 바라봤다. 완벽히 고요한 분위기가 감돌았다. "네가 해낼 수 있을지 몰랐구나." 아버지가 말했다. 완벽히 고요했다. 아버지의 늘어진 양손. 째깍거리는 소리가 나는 작은 부엌. 눈이 내려 어두운 아침. 그것은 아버지에게서 흘러나와 내게로 흘러들고 있었다. 내가 아버지를 죽여버린 것이었다.

캔자스주, 베러티

밤의 사일로[9]는 중대한 장소다. 검은 어둠 사이로 오래된 옥수수가 애처로이 울부짖는다. 그는 정확히 한가운데 서서 자신을 바다의 고래들로 만드는 소리를 내며 벽 주위로 굉음을 내거나 지나간 흔적을 남긴다. 그러고는 다시 꺼진 촛불 같은 어둠. 그의 광대뼈가 반짝인다, 아편 같은 윤기. 그의 몸을 이루는 선은 모두 나를 통과하는 쇠테다. 다른 사람의 악마적인 면을 누가 떠안을 수 있을

---

9   탑 모양의 곡식 저장고.

까? 당신이? 당신이 그를 위로해줄 수 있었을까?

캔자스주, 스콧호수

이곳에서 바람은 낮에 멈추지 않는다, 밤에도 멈추지 않는다, 바람은 계속 불룩해지고, 허풍 떨고, 허우적거리고, 씻어내고, 헝클어뜨리고, 모닥불을 피우고, 떠들썩하게 군다―검은 아침의 차가 찻잔 밖으로 날아간다. 심지어 텐트 안에서도 균형을 잡고 눈썹을 뽑기가 어렵다. 바람은 나를 노래하게 한다. 내 안의 모든 여자를 생각해보게 한다. 하지만 황제는 강력하게도 한 명이다, 쾌락을 연구하는 학자, 언제나 독수리가 머무는 꼭대기에 있는. 그는 내게 말하길, 한번은 여자를 유혹하는 와중에 찻물을 따르다가 손을 데었다고 한다. 결과적으로 그는 밤새 얼음을 넣은 대야에 왼손을 담근 채 사랑을 나누어야 했다.

뭐 깨우침은 쓸모없다, 나는 종종 이렇게 말했다, 듣는 사람은 아무도 없었다. 당신 자신은 한문 격언에 통달한 대단한 사람일지도 모르지만, 다른 사람을 비참하게 만들어봤자 아무 소용이 없다. 당신의 라이스페이퍼를 캠프장에 똑바로 내려놓고 그림을 그리려 해보라. 울퉁불퉁한 선들은 무지無知와 같다.

콜로라도주, 9번 국도

여기서부터 쟁기가 한 번도 닿지 않은 산쑥 들판과 진정한 대초원이 시작된다. 지평선 위로 구름들이 몸을 구부리고 뒹굴더니 오후를 위해 멈춘다. 평평하게 수 마일 펼쳐진 하늘. 황제는 내게 가장 많은 한자의 기초가 되는 부수radical 열 개를 가르치는 중이다. 상대적으로 더 중요한 그 부수들은, 사용 빈도수대로 나열하면, 다음과 같아. 물. 풀. 수풀. 심장. 사람. 손. 비단. 나무. 다님 혹은 감. 입. 나는 궁금하다, 그가 사랑을 나누길 원했다면 도대체 왜 잠시 멈추고 차를 마시려 했던 건지. 가장 중요한 부수 열 개는 1,090개의 단어에 등장해. 그것들이 암시하는 관심사에 주의를 기울여봐. 마음이 3천 개의 단어 가운데 백 개의 단어의 기초가 된다는 단순한 사실은, 그가 계속 말한다, 고도의 도덕적 관심을 시사하지. 독수리가 머무는 꼭대기에서 늘 멀리 떨어져 있는 나는 궁금하다, "프랭키는 전당포에 갔는데, 그곳에 재미로 간 것은 아니었다"의 부수는 뭐지? 산맥을 바라보라. 그것은 또렷이 서 있다. 깨우침은 쓸모없다는 사실을 기억하라, 인생은 하나의 행위이며 그것의 목적은 하나의 행위 방식인데, 그 방식이 하나의 생각에서 피를 짜내기 위한 것은 아님을. 붓으로 두 글자를 동시에 쓸 수는 없다, 라고 한문 격언은 말한다. 나는 그의 얼굴 가장자리를 바라본다, 그 울퉁불퉁한 선들을.

콜로라도주, 거니슨

캠핑은 극단적인radical 경제다. 우리는 세상을 공간으로 사용하고, 두려움에 맞서 세상의 빛을 사용한다. 술은 없다. 똑같은 음식. 몇 개 안 되는 물건, 하지만 이는 논쟁의 여지가 있다. 우리가 차를 타고 달릴 때 앞좌석의 내 쪽에는, 우리가 캠핑할 때 텐트의 내 쪽에는 물병 세 개, 공책 세 권과 펜 몇 개, 묵주 세 개가 있다. 황제는 우리가 짐을 싸고 풀 때 그것들에 신경을 쓴다. 그는 그것들을 쳐다본다. 그는 나를 쳐다본다. 내가 기억하기로 반년 전쯤 어느 날 밤 우리는 말다툼을 했다, 우리는 거친 해안으로 여행을 떠났다, 모든 게 부서져서 단백질 분자구조처럼 다시 단순하게 바뀌는 그곳으로. 아리스토텔레스에 따르면 논쟁에는 세 종류가 있다. 보여주고 파괴하는 종류의 논쟁. 감정을 끄집어내는 종류의 논쟁. 큰일을 작게 만들고 작은 일을 크게 만드는 종류의 논쟁. 남자가 여자에게 "흠 아무래도 넌 자위jack off나 실컷 하는 내 모습을 지켜볼 수밖에 없겠네"라고 말하게 되는, 아리스토텔레스가 일반적인 이름의 효과적인 사용[10]이라고 부를 법한 종류의 논쟁. 말다툼이 끝난 후 방들은 조용하다. 밖에서는 물푸레나무의 작고 단단한 잎이 바람에 서로 부딪히고 있었다. 두 개의 작은 밤의 방: 그중 한 방에서 한 남자가 휘파람을 불고 있다, 멈춘다.

콜로라도주, 76번 국도

내 마음을 휘감은 이 사슬을 풀어줘. 라디오에서 레이 찰스가 흘러나오는 가운데 콜로라도주로 가는 언덕을 오르며 우리는 고도 11,000피트 지점을 지난다. 내가 자유의 몸이 되게 해줘. 긴 바위 모퉁이를 돌고 있는데 엔진이 완전히 꺼져버린다. 황제는 가만히 앉아 운전대에 놓인 양손을 내려다본다. 양손 위로 이마를 붙인다. 조용히, 계속해서 욕설을 해대기 시작한다. 하지만 나는 이미 거기 없다, 트럭에서 내려 바위 너머의 숲으로 내려가 있다, 거기 없다. 협곡 가장자리로 나아가서 낮의 햇볕에 따뜻해진 바위에 단단히 기대선다. 묵주 기도를 할 때마다 내가 틀

---

10 'jerk off'(자위하다)가 흔한 이름인 'jack'이 들어간 'jack off'로 변형된 것을 가리킨다.

렸다는 느낌과 옳다는 느낌이 동시에 든다―당신은 아는가? 산비탈 아래로 그림자가 길어지고, 선명해지고, 검어지는 걸 지켜보며. 아버지에게 배운 게 한 가지 있다면, 그것은 바로 누군가가 기계를 고치고 있을 때 주위에 얼씬거리지 않는 것이다. 분노의 파편이 될 수도 있으니까. 이 남자는 누구란 말인가? 당신은 감이 좀 잡히는가? 요즘 아버지는 정신병자 세 명과 함께 같은 방에서 의자에 결박되어 있지만, 전쟁 때 그는 비행기 조종사로 프랑스 상공을 낮게 날며 스파이들에게 전할 꾸러미를 떨어뜨렸다―한 번은 나일론 스타킹 꾸러미였고, 비행기를 격추한 독일군에게 뭐라 변명하기 난감했다. "보 이스트 디 다메?"[11] 그들은 계속 물었지만 아버지는 독일어를 몰랐고 다른 세 명은 자리에 앉은 채 죽어 있었다.

로라도주, 78번 국도

운전은 고행이다. 콧등을 가로지르며 방망이로 휙 때리는 듯한 빛. 나는 힐끗 내려다본다. 손가락 관절을 가로질러 당겨진 거친 피부, 운전대에 놓인 양손은 내 아버지의

---

11 *Wo ist die Dame.* '부인은 어디 있지'를 뜻하는 독일어.

손이다. 꽉 붙잡은. 아버지의 손이 느슨해지는 것을 본 것은 딱 한 번뿐이었다. 여러 해 전의 일이다. 밤, 나는 꿈결처럼 문간으로 갔다. 아버지는 침대 가장자리에 앉은 채 일어나지 못하고 있었다. 얼굴을 숙인 채, 양 무릎에 놓인 것은 그의 손이었다, 무감각해진. 아버지는 멈춘 기차처럼 그곳의 어둠 속에 앉아 있었다. 터널보다 더 긴 밤에. 갑자기 사방에서 불어오는 바람에 노출된 방주方舟에서.

콜로라도주, 이저벨호수

새벽은 춥다. 나는 잠의 둥지에서 조금씩 몸을 움직여 빠져나온다, 황제는 혼자 깨어나길 좋아하지 않는다. 하지만 새벽은 배회하는 것들을 위한 시간이다. 숲에서는 인간의 언어가 들려오지 않는다. 나는 어두운 숲길을 따라 나아가고, 숲길에는 목제 현판이 세워져 빛을 받고 있다, 각각의 정사각형이 저마다 그림자를 드리우고 있다. 각각이 기이한 금빛을 발하고 있다, 막 시작되려는 이야기처럼. 그것들을 세운 것은 누구인가? 그림자들로부터 신비한 지면의 선이 내 명백한 마음속까지 쭉 이어진다. 내 안에서 종처럼 울리는 것은 누구인가? 그렇다, 깨우침은 쓸모없지만 나는 두 다리를 움직이며 사자와 함께 서둘러 나아가고 있다, 이곳에는 내가 설명하고 싶은 무언가가 있다. 만일 사자가 말할 수 있다면 우리는 그 말을 이해하지 못할 것이다, 라고 한문 격언은 말하지만, 이곳에는 내가 설명할 수 있는 무언가가 있다는 걸 나는 안다. 나는 으르렁거리는 잔가지 더미처럼 서둘러 숲을 지나고 있고, 제시간에 돌아가기만 하면 이걸 설명할 수 있다고 확신한다. 나는 숨을 헐떡이며 캠프장에 도착한다. 라디오에서는 빌리 홀리데이가 흘러나오고 있다, 나무 냄새가 뜨겁다, 황제가 고개를 들고 쳐다본다. "현판." 나는 말한다. "각각의 그림자." 나는 말한다. "종." 나는 말한다. 그는 주변의 땅을 둘러보고 있다. "트럭에서 커피 좀 가져올래?"

뭐 그건 사실이다, 내가 단순한 이야기를 할 줄 모른다는 것은. 나는 은둔 생활에 만족해하며 여러 해를 혼자 보냈다. 얻을 수만 있다면 참 좋을 거야. 하지만 황제들은 나타나기 마련이다. 그는 커피를 계량하며 내게 고대 중국에서의 다루마 인형에 대해 말하는 중이다. '다루마'는 속어로 고급 매춘부를 뜻하는 별칭이었다, 그들은 뒤로 쓰러질 때마다 늘 튀어오르며 다시 쓰러질 준비가 되어 있는, 다리 없는 붓다 다루마 인형과도 같았다. 그리고 애쓰면 얻을 수 있어.

콜로라도주, 분수령

고지高地가 우리의 체력을 재빨리 고갈시킨다. 이번에는 팔열지옥[12]보다 더 높은 곳에서 캠핑했다. 악마들의 밤을 보낸 우리는 유리 같은 목재의 아침이 끝나기도 전에 비틀거리며 걷는다. 그때는 새벽 3시였다, 황제가 이부자리에서 뛰쳐나와 "뭔가가 내 불알을 물었어!" 하고 외친 건. 말벌일 거라고 나는 넌지시 말했다. 분노한 하느님 아버지일 거라고 그는 확신했다. 우리는 담요를 샅샅이 뒤졌다, 그는 눈물을 흘리고 있었다. 나는 거대한 콜로라도주 산의 어둠 속에 서서 손전등으로 그가 있는 쪽을 비췄다. 나는 마음이 따뜻한 사람이었던 적이 한 번도 없었다. 아버지와 나는 크리스마스나 생일 때 악수만 하고 작별했다. "나랑 침낭 바꿀래?" "좋아." 그가 아주 재빨리 대답했다. 우리는 침구를 교환했다. 그는 누워서 한동안 바스락거리더니 마침내 불신으로 가득한 잠에 빠져들었다. 나는 별을 바라봤다. 여름의 별자리는 복잡하다. 너무나도 많은 별들, 죽을 때가 가까웠거나 아직 젊은, 몸서리치는. 한문 격언의 여러 대가들은 노년이 되면 점점 더 정신을 글자 너머로 전하는 쪽으로 서법書法을 바꾼다.

---

[12] 매우 뜨거운 불길로 고통받는 여덟 지옥.

콜로라도주, 38번 국도

이곳에서는 하늘의 거대한 대야들이 뒤집혀 있다, 구름들이 제멋대로 돌아다닌다. 공기는 공기라고 하기에는 너무 맑다, 그것은 당신을 향해 사물들을 찍어내다시피 한다. 서쪽에는 산맥이 있다. 그리고 나는, 푹 쉰 황제처럼 유쾌하게 뒹굴며 흘러가는 저것이 아칸소강이라고 생각한다. 라디오에서는 레이 찰스가 노래하고 있다, 너희 엄마한테 말해 너희 아빠한테 말해. 내가 보기에 아칸소강은 아칸소주에 있어야 할 듯한데, 황제는 그게 왜 그렇지 않은지 설명한다. "아." 나는 말한다. 그는 내 얼굴을 힐끗 쳐다보고는 다시 설명하기 시작한다. 뭐 그건 사실이다, 내가 설명을 제대로 이해한 적이 한 번도 없었다는 것은, 아버지도 이 점을 지적했다. 아버지는 장시간에 걸쳐 설명했다, 이를테면 유럽의 은행제도 혹은 이중 올가미식 매듭을 묶는 방법에 대해. 두피를 타고 땀이 흘러내린다, 나는 아주 열심히 귀를 기울인다, 아주 열심히 귀를 기울이려 한다—그들로서는 이 일에 정말 많은 것이 달려 있다—하지만 설명이 납득되는 대신 내 눈 뒤쪽으로 어떤 끔찍한 수정 같은 빛이 차오른다. 학교에서도 마찬가지였다—극심한 공포와 전략과 애써 지어보이는 미소. 당신은 이성적으로 보이는 법을 배울 수 있다. 한

번은 방을 가득 메운 청각 장애인 아이들이 소리 내어 웃는 법을 배우는 비디오를 본 적이 있다, 그저 양쪽 갈비뼈를 잡고 리드미컬하게 몸을 흔들면 된다. 너희 엄마한테 말해 너희 아빠한테 말해. 하지만 언젠가는 다른 종류의 설명을 본 적도 있다. 너를 아칸소주로 돌려보낼 거야. 지독히 춥고 표백한 듯한 3월의 어느 오후, 나는 창밖의 새들이 마당에 있는 물푸레나무의 헐벗은 가지에서 살짝 떨어지다가 급강하하는 모습을, 몸을 고정했다가 푸는 모습을 내다보고 있었다. 무작위로 하는 행동이 아니었다. 새는 모두 네 마리였다. 세 마리가 앉아서 지켜보는 동안 한 마리가 날아가서 가지와 나란히 자리를 잡더니, 날개를 펼쳐 솟구쳤다가 급강하하며 가지가 공중에 남긴 모양을 비행 동작으로 흉내냈다. 녀석들은 한 마리씩 번갈아가며 그 행동을 했고, 그러고는 다시 시작했다. 녀석들은 극도의 피로나 두려움 없이, 속담이 경험에 반영되어 이야기로 변하는 바로 그 순간만큼이나 행복해했다.

콜로라도주, 모나크패스

대륙 분수령의 반대쪽으로 방향을 바꾸며 우리는 한 단

계 한 단계씩, 점점 더 낮게 내려가며 세상의 텅 빈 바닷속으로 들어간다. 산맥은 빛이 생겨나기 이전의 빛으로 희미하게 빛난다. 산맥은 손가락 같은 모양이다, 기도를 위해 한데 모은. 산맥이 다른 산맥을 향해 그림자를 드리우는 이곳은 눈에 화상을 입을 것만 같은 곳이다. 이곳에는 공기 대신 빛이 가득하다.

세상일을 잊고 하늘도 잊는 자는 자기를 잊는 사람이다, 라고 한문 격언은 말한다. 자기를 잊는 것은 하늘로 들어가는 일이라 불린다.

콜로라도주, 텔루라이드

봉우리에 봉우리가 이어진다. 산맥의 어깨 위로 열성적인 관광객들처럼 구름이 밀착하듯 밀려든다. 호사로운 밤을 보낸 황제는 쾌활하다. 비록 다양한 이름을 거느린 사랑 행위가 나의 흥미를 크게 자극하진 않지만, 이제 나는 그의 쾌락을 연구하는 그럴싸한 인류학자다. "나를 네 장난감으로 삼아." 그는 말한다. "나를 너 자신을 위한 특별한 무언가로 삼아." 나는 포플러나무 위를 부유하는 동안 이 문제를 곰곰이 생각해본다. 쾌락주의는 남자들에게 자연스럽게 다가온다. 열쇠가 돌아가는 소리가 들려오면 남자는 온몸에 자물쇠를 매단다. 하지만 여자들은 무감하거나 거짓말쟁이거나 절대 생각을 멈추지 않는다, 당신은 내가 생각을 멈추게 할 수 없다. '꽃은 벌에게 씨방을 빨리길 좋아하는가?', 그것은 중국의 하데스 황제가 1553년 캠핑 여행 때 작성한 논문의 제목이다. 그 두루마리는 아주 아름답다. 우리가 대체로 아는 한 꽃은 그러길 좋아하지 않는다고 그는 결론을 내렸다.

콜로라도주, 오퍼니들스

포플러나무들은 그 자체로 하나의 대양이다. 맑은 새벽, 오퍼니들스의 고도 11,000피트에서 무릎을 잔뜩 웅크리게 하는 추위 속에 밤을 보낸 황제는 퉁명스럽다. 우리는 서로 돌아누운 채 잠을 잤다. "저 산이 바늘[13]처럼 보이진 않는데, 네가 보기에는 바늘 같아?" 나는 묻는다. 하지만 그는 공부에 깊이 빠져 있다. 그는 식사중에 책 읽기를 선호한다. 뭐 나도 할일이 있다. 한문 격언의 대가들은 5천 개가 넘는 관용구의 본질적 의미를 이해하는데, 나로서

---

[13] '오퍼니들스'라는 산의 명칭은 여러 개의 바늘(needle)처럼 뾰족뾰족 솟아 있는 모습에서 유래했다.

는 그중 단 한 개도 이해가 가질 않는다. 각각은 네 글자로 되어 있다.[14] 가로획은 왼쪽에서 오른쪽으로 긋고 세로획은 위에서 아래로 긋는다. 여기 이 사자성어는 "거북이가 원숭이 소리에 귀를 기울인다"를 의미한다. 여기 이 사자성어는 "어부들이 여우 울음에 귀를 기울인다"를 의미한다. 여기 이 사자성어는 "고급 매춘부가 고객의 엉덩이 끝에 귀를 기울인다"를 의미한다. 나는 관용구 공부를 계속해나갈 것이다.

언급할 만한 흥미로운 사실이 있는데, 황제가 지나가는 말로 슬쩍 흘린 바에 따르면 그는 전에 오퍼니들스에서 캠핑한 적이 있다고 한다. 몇 년 전, 첫 여자친구와 함께 왔던 것 같다고 하지만 자세한 일은 기억하지 못한다. 오 그래, 그는 사랑을 나누느라 그녀의 엉덩이뼈에 작은 멍이 들곤 했었다는 사실을 기억한다. 한줄기 미풍이 포플러나무 잎을 하나씩 뒤집는다.

콜로라도주, 오퍼니들스

노출이라는 단어는 '공포'를 의미한다; 한문에서 그 둘

---

[14] '사자성어'를 가리킨다.

은 모두 빛을 근간으로 이루어진다. 태양이 구멍을 뚫어 놓은 극악무도한 목초지에서 캠핑하는 사람은 전적으로 우리뿐이다, 타구打球에 놓인 두 개의 씨앗 같은 우리. 나는 공동空洞 위에 쭈그리고 앉는다. "정말 아름다운 곳이로군." 황제가 일어나서 하늘을 향해 기지개를 켜며 말한다. "같이 산책하러 갈까?" 나는 고개를 젓는다. 오래전 어린 시절에 알게 된 사실이지만, 이렇게 훤히 트인 날에 왜 계속 숨어 있고 싶어하는지 설명하려 애써봤자 아무 소용 없는 일이다. 그는 여과되지 않은 공간과 태양과 시간 사이로 성큼성큼 걸으며 오퍼니들스의 높은 지대 어딘가에 있다고 들은 호수를 찾으러 간다. 저 운 좋은 태양, 라디오에서 레이 찰스가 노래한다. 할일이 하나도 없네. 나는 한동안 치질을 진정시킨 다음 붓을 씻기 시작한다. 하지만 하루종일 하늘을 굴러다니지. 당신 자신의 본질을 보는 것은, 바늘구멍을 통해 보는 것이라고 해도 대단한 일이다. 일단 그것을 보면, 당신은 완전해져서 당신 자신만의 방법을 고안해내게 될 것이다, 유치하고 말고를 떠나서. 나는 가장 존경받는 한문의 대가들 중 한 명의 후기 서법을 공부하는 중이다. 크고 단순한 덩어리들과 검은 색조의 요철들이 보인다. 무거움을 피하고자 그는 그 전날 갈아 둔 먹과 그 먹이 흡수되지 않을 거대한 크기의 종이를 사용했다. 웅덩이처럼 고인 먹은 당신을 그에게로 향하게 한다. 그저 하루종일 하늘을 굴러다니지. 뭐 깨우침은 쓸모없지만, 다리橋가 완전히 피안으로 이어지진 않는다는 사실은 그의 그림 〈타오허를 건너는 세 명의 눈먼 사람〉에 더없이 즐거운 웃음소리의 기운을 더해준다.

콜로라도주, 오퍼니들스

캠핑은 오직 관계성만을 지닌 생활양식이다. 황제는 호수에서 돌아오지 않고, 나는 하루종일 구름이 산 너머로 쌓여가는 것을 지켜보며 나 자신이 환상이라는 사실을 곰곰이 생각해볼 시간을 얻는다. 자아란 존재하지 않는다, 한문의 대가들은 이 점에 있어서 확고하다. 에이해브는 없다. 스타벅도 없다. 고래도 없다?[15] 그것은 아버지가 미소 짓는 방식을, 아버지가 제정신을 잃기 시작했던 그해 여름을 떠올리게 한다. 아버지는 자신으로부터 누더기처럼 떨어져나가고 있었다, 엑스레이의 번쩍이는 빛 속에서 검고 헐겁게 매달려 있는 뼈가 그러하듯 내면은 가시적으로 변했다. 아버지는 자신을 내려다보며 미소를

---

[15] 미국 소설가 허먼 멜빌의 『모비 딕』에 등장하는 인물들과 고래를 가리킨다.

짓곤 했다. 입술은 늘 움직이는 채로. 그러다 내가 가까이 다가가면 아버지는 말했다. "이 망할 것, 이 멍청한 망할 것 이 빌어먹을 멍청한 망할 것 이 빌어먹을 멍청하고 쓸모없는 망할 것."

황혼의 차가운 가닥들이 서둘러 밀려오고 있다. 나는 황제를 맞이하기 위해 자리에서 일어나 환상에 불과한 차를 끓인다. 까마득히 높은 저 하늘에서 별들이 불타오른다. 우리가 아니라. 우리는 인화성引火性이다.

콜로라도주, 오퍼니들스

치질을 훈증 소독하고 거꾸로 뒤집힌 키 큰 포플러나무들을 바라보는 동안 캠프장에 또다른 순수한 아침이 밝아온다. 황제는 잘 잤고, 잠에서 달콤하게 깨어나 그늘에서 미국 갱단 소설을 읽고 있다. 독수리가 머무는 꼭대기에는 동자승이 있다. 포플러나무의 세로획은 악惡을 맹렬히 비난한다ー무슨 악을? 나는 악을 그리려고 연습중이다. 포플러나무 껍질에 검은 이끼가 점처럼 더해진다면 아주 오래된 나무처럼 보이기 시작할 것이다, 그 기술은 '너무 많이 태우기'라고 불린다. 고급 매춘부를 그리는 데도 사용된다. 오늘 아침 일찍 나는 중국 그림에는 왜 글자가 들어가 있는지 황제에게 물었다. "공간은 공간이지." 그는 말했다. "바위나 나무나 글이나 폭우로 그 공간을 채울 수 있는 거지." "벌거벗은 모습을 가리려고?" 나는 물었다. "디자인을 완성하려고." 그가 대답했다. 뭐 깨우침은 쓸모없지만 만일 어느 구름 한 점 없는 오후에 그림자들이 가장 높은 봉우리들을 가로질러 이동하고 있다면, 나는 나중에 사용하려고 갈아둔 먹으로 판 노사老師처럼 붓을 움직일 수 있을 것이다.

콜로라도주, 슈거시티

사랑은 당신을 당신 인생의 인류학자로 만든다. 이 의식들은 다 무엇이며 왜 우리는 그것에 참여해야만 하는가? 불을 피우며 보낸 기나긴 최악의 밤들 동안 우리가 의지한 이 언어, 나쁜 번역 같은 이 언어는 무엇인가? 계속 방언의 형태를 기록하고 관용구를 추적하는 일은 중요하다. 그렇다 그 일에는 폭력적인 면이 있다. 오소리에게 은신처가 어디냐고 물어보다, 라고 한문 격언은 말한다. 방언은 당신에게 모국어처럼 들릴 것이다, 다만 어딘지 모르게 훼손되고 꼬리를 붙잡힌 채 매달려 있을 뿐. 밤늦게 나는 트럭에 앉아 손전등 불빛에 의지해 나의 공책 내용을 테이프로 옮긴다, 테이프 품질은 좋지 않다. 내가 절대 똑바로 이해하지 못하는 용어들의 핵심이 있다. (쾌락). "쾌락? 쾌락이 뭔지는 너도 알잖아―즐거움이지." "쾌락이 중요한 건가?" "그럼." "쾌락에 있어서 언어가 중요한가?" "아니." "네가 '나를 즐겨'라고 말할 때, 그건 무슨 의미지?" "너도 쾌락을 느끼길 바란다는 의미지." "나는 누구지?" "너? 나의 짝이지. 우린 정말 좋은 짝이야." 이제 그는 잠들며 중얼거린다―그렇다면 왜 나는 그토록 완전히 혼자인 기분이 드는 걸까? 하지만 이 말을 하기 전에 테이프는 끊겨버렸다.

콜로라도주, 덜로리스강

추운 아침, 시끄러운 강들. 뛰어오르고, 반짝거리는, 넘치다 하류로 흘러가는 강물. 땅 위에 단단히 누워 있는 소나무 그림자들. 캠프장에 흐르는 불쾌한 분위기. 서로를 보지 않는 마음, 그것은 서로를 보려 하지 않는 마음과는 얼마나 다른가. 내가 그늘에서 오이를 먹는 동안 황제는 약에 취한 채 텅 빈 홀에서 홀로 한문 격언 공부를 이어나간다. 한문 격언의 대가들이 드물게 사용한 파묵破墨이라는 서법이 있다. 붓은 진하고 검은 선을 그리다 점차 말라가고, 붓털이 따로 움직이다 마침내 갑작스레 나타난 뼈 같은 하얀 부분을 남긴다. 그 효과 덕분에 비백飛白으로도 불리는데, 속도와 자유도 면에서 아주 바람직한 효과라고 할 수 있다.

콜로라도주, 몬트로즈

캠핑은 정신의 금욕을 행하는 일이다. 모든 게 빛 속으로 사라져버렸을 때, 모든 게 사라져버렸음이 나타난다. 그것은 잠을 대체하는 꿈의 도치倒置다. 이제 모텔로 갈 때가 되었다. 황제는 놀라우리만치 유순하다. "네가 골라." 함께 몬트로즈의 모텔 거리를 천천히 돌아다니고 있을 때 그가 말한다. "내 눈에는 이곳이 전부 매음굴처럼 보이는데." "매음굴이라." 그의 억양이 나를 깜짝 놀라게 한다. 나는 눈 뒤쪽까지 얼굴을 붉힌다. 라디오에서는 레이 찰스가 〈아름다운 내 영혼의 마리아 Beautiful Maria of My Soul〉를 부르고 있다, 스물두 종류의 버전이 존재하는 노래다. 사랑은 바보를 만들고, 바보들은 사랑을 나누지.

 나는 새벽 4시에 텅 빈 채 깨어난다. 모텔 방 뒤쪽은 눈알처럼 말라버렸다. 잠이 오지 않을 때 나는 가만히 누워서 나와 카프카 사이의 차이점을 기록한 목록을 만들어본다. 카프카는 평생 서른일곱 개의 꿈을 꿨는데 그중 성관계와 관련된 꿈은 하나뿐이다. 꿈속에서 카프카는 친구인 막스와 함께 사창가에 간다. 둘은 각자 여자를 고른다. 재미를 보는 동안 카프카는 두 가지 생각을 떠올린다. 우선 그는 생각한다, 이렇게 큰 재미를 보고 있는데 왜 그녀는 내게 돈을 내라고 말하지 않는 거지? 똑같은 바보들은 아니라네. 그다음, 그녀가 몸을 돌렸을 때, 그는 그녀의 등이 커다랗고 붉은 동그라미로 뒤덮여 있는 것을 본다, 그녀를 만지자 그것이 그의 손에 왁스처럼 묻어난다―바스러진 봉인에서 떨어져나온 것처럼. 똑같은 사랑도 아니라네. 그는 새벽 4시에 텅 빈 채 깨어난다.

콜로라도주, 메사베르데[16]

캠핑은 하나의 거대한 생물 형태다, 그 속에서 여러 작은 의식들이 뿌리처럼 계속 일한다. 사로잡힌 채. 스스로의 색채를 띠며. 아래쪽으로 조금씩 움직이며. 메사베르데에서 우리는 네바다주나 일본 같은 다른 지역에서 온 인질들로 빼곡한 곳에서 캠핑한다, 각각이 차 한 대만 한 자

---

16 메사는 꼭대기는 평평하고 등성이는 벼랑으로 된 언덕을 의미한다.

갈 구역 위의 개들, 텐트, 빨랫줄과 라디오, 물론 그 라디오는 차 위에 올려져 있고. 아무래도 나는 그냥 꿈꾸길 좋아하나봐. 한 팀당 나무 한 개씩. 자갈 구역 이외의 장소에서 캠핑하는 것은 금지되어 있다. 제공된 구덩이 이외의 장소에서 불을 피우는 것은 허락되지 않는다. 표시된 길 이외의 장소를 걷거나 돌아다니는 것은 불법이다. 어쩌다 발견하는 오래된 물건을 무단으로 소유하거나 발굴하거나 파괴하는 행위는 허용되지 않는다. 라디오에서는 빌리 홀리데이가 노래하고 있다, 개울가의 작은 집에서. 자기 얼굴 안쪽의 일부를 물어뜯어서 파랗고 쉬지 않는 화산 하늘을 향해 내뱉는 행위는 용인되지 않는다. 나의 남자와 함께. 황제는 헤드폰을 쓴 채 불구덩이에 닭 요리를 하느라 바쁘다, 가볍게 춤을 추며 한문 격언을 암송하며. 물가의 정자에 달빛이 가장 먼저 든다. 달걀이 달걀인 것처럼 분명하다. 그 벽을 오르라.

콜로라도주, 메사베르데

메사베르데의 시간은 늘 정오다. 심지어 다른 이들에게도 빛은 충격이다. 은신처를 옮겨다니는 인질처럼 우리는 아나사지인들이 만든 절벽 계단을 터덜터덜 오르내린다, 아나사지인들은 빛을 존속시키는 일에 열중한 영리한 선사인이었다. 그들은 절벽을 넘어와서 계단을 만들었고, 적의 침입에 대비해 우물을 팠고, 그러고는 떠났다. 빛은 남았다. "우리집도 이렇게 오래갈지 궁금한걸?" 미니애폴리스에서 온 인질이 말한다. "우리집은 시내 한가운데 있잖아." 황제는 다른 인질들의 신발과 바지를 비디오테이프에 담고 있다. 그는 사람들의 상태에 진저리를 치지만 여기서 가장 지저분한 사람은 우리라고 내가 지적하자 기뻐한다. 먹을 가까이하는 사람은 검어진다, 라고 한문 격언은 말한다. 위잉. 찰칵. 당신은 내가 빛에 대해 한 말을 믿는가? 위잉 찰칵. 나무들을 보라. 나무껍질을. 찰칵. 그것이 나무껍질을 벗긴다.

콜로라도주, 메사베르데

아나사지인들은 그들 자신의 인질이었다. 옷차림은 간소했다, 그들은 굶주림과 비통함을 걸쳤다. 가혹한 발코니를 따라 옆으로 움직이며. 협곡을 강타하는 겨울바람에 유카 섬유가 이리저리 날린다. 우리가 그들에 대해 아는 것은 몇몇 사실이 전부다. 그들은 옥수수, 콩, 호박, 옥수수, 콩, 호박, 옥수수, 콩, 호박, 옥수수, 콩, 호박, 그리고 어쩌다 한 번씩 야생 샬럿을 먹었다. 그들은 메사를 아무도 읽어낼 수 없는 패턴의 탑과 터널로 뒤덮었고 아무도 짐작하지 못한 이유로 그것들에 주기적으로 불을 질렀는데, 그래서 그것은 종교적 행위였다고 여겨진다. 그곳에는 몇 개의 상형문자가 있다. 상형문자는 바위에 새겨져 있다. 인류학자들은 그 문자들을 결합했다가 떨어트렸다가 다시 결합하는 방식으로 해석한다. 여기 인류학자들이 오르페우스라고 부르는 상형문자가 있다, 그것은 손에 리라[17] 같은 물건을 들고 있고 그것의 심장은 절벽이며, 절벽에 자리한 거주지 가운데 여럿은 여전히 식별이 가능하고 몇몇은 버려진 상태다. 나는 황제에게서 멀찍이 떨어진 곳에 멈춰서서 그가 오르페우스를 비디오테이프에 담는 모습을 지켜본다. 사랑이 갈망하며 협곡을 따라 다가온다. 그것은 당신에게 쾌락을 줄 것이다, 당신이 그것을 믿는다면.

콜로라도주, 메사베르데

캠핑은 곧 끝날 것이다. 저기 저 해안에 내가 있다, 대형

---

[17] 고대 그리스의 작은 현악기.

여객선이 먼바다를 지나고 있고 파도가 내 발치에 다다르고 있다, 곧 모든 게 다시 텅 빌 것이다. 나는 여러 해 동안 텅 빈 채 살았다. 그러고서 두 가지를 배웠다. 깨우침은 쓸모없고, 좋든 나쁘든 톡 쏘는 사랑을 대신할 수 있는 건 아무것도 없다. 세 가지다. 현명한 오소리는 굴이 세 개다. 그럼에도 당신은 저 위에서 꽤 편하게 살면서 두꺼운 공책을 가득 채울 수 있다, 벽의 꼭대기에 누워서, 아버지에게 파블라치[18]로 쫓겨난 날 밤의 카프카처럼. 그는 별들을 바라보며 집안에서 저녁을 먹는 가족들 소리에 귀를 기울였다. 그들 안에는 너무 많은 벌거벗음이 있다고 그는 결론 내렸다. 아마 별들을 두고 한 말이었을 것이다.

콜로라도주, 메사베르데

'오소리 집'은 아나사지인이 메사베르데에 남긴 가장 인상적이고 복잡한 구조물의 이름으로, 그 탑의 터널 길이는 41피트에 이른다. 그것이 불태워졌을 때는 양쪽 입구

---

[18] *pavlatche*. 체코어로 '프라하의 옛날 집 안뜰에 있는 긴 발코니'를 뜻한다. 해당 내용은 카프카의 『아버지께 드리는 편지』에 등장한다.

가 모두 뚫려 있었다. 터널 속으로 번져 탑 쪽으로 20피트 정도 뻗어나간 불길은 지붕을 새까맣게 태웠고 서기 900년경에 그곳을 걷고 있던 한 남자를 집어삼켰다, 그의 해골은 1958년에 인류학자들에 의해 발견되었다. 왜 '오소리 집'에 그런 이름이 붙여졌는지는 알 수 없다. 수 세기 동안 이곳 부근에서 오소리를 본 사람은 아무도 없고 굴을 파고 사는 동물은 아나사지인의 상형문자나 전설에도 전혀 등장하지 않는다. 황제는 남은 닭 요리와 함께 저녁식사로 구워 먹을 야생 샬럿을 찾을 수 있을지도 모른다는 사실에 더 관심을 보인다. 우리는 피뇬나무[19] 사이로 불법으로 이동하다가 인질을 가득 태운 삼림 관리원 트럭이 지나가면 눈에 띄지 않게 몸을 숨긴다.

나는 요리를 잘하거나 경작에 관심을 가졌던 적이 한 번도 없다. 이런 일들을 하는 남자들은 내 마음을 다정함으로 가득 채운다. 나는 그가 달리아 정원에서 달리아 쪽으로 신중히 몸을 숙이고 있는 모습을 지켜본 적이 있다. 자연에는 법칙이 있고 남자들은 그 법칙에 따라 살아간다, 남자들이 그것만큼 훌륭히 사랑하는 것도 없다.

---

19 잣나무의 일종.

퀘백주, 라신

이제, 달리아. 뜰에 가득한 야생 달리아―우리는 달리아 사이로 나아가며 거리로 향하고 있다. 아침. 그의 집에서 처음으로 밤을 보내고 맞이한. 당신은 알고 그는 모르는 사실이지만, 내가 다른 남자의 집에서 처음으로 보낸 밤. 젖은 풀 사이로 나아간다, 그의 뒤를 따라 걸으며. 갑자기 그가 걸음을 멈추더니 한쪽으로 몸을 숙인다. 검붉은 달리아 한 송이를 딱 꺾는다, 눈물처럼 튀어나오는 내 두 눈. 사랑하는구나, 나는 생각한다. 이제 그는 계속 나아가다가 자기 차에 이르자 얼른 올라타더니 달리아를 자기 옆자리에 놓고선 떠나버린다. 손을 흔들며. 내 차는 길 저 아래쪽에 주차되어 있다.

콜로라도주, 메사베르데

내가 마음에 들어하는 이론은 아나사지인들 자신이 오소리였다는 것이다.

나는 순전히 사뮈엘 베케트 스타일 혹은 단순한 산업 소음 스타일로 이야기를 들려주고 싶었다, 그게 요즘 우리가 좋아하는 종류의 스토리텔링 방식이니까. 세부 사항은 저속한 것이다, 그것은 우리가 오염되었다는 사실을 노출시킨다. 오염되기 직전에 우리는 우리의 세부 사항을 보관하고자 인류학을 발명했다. 인간에 대한 이 학문, 즉 늘 다른 사람을 대상으로 하며 그 세부 사항은 이색적인 이 학문은 우리를 진정시켜주고 우리 자신을 인류학의 대상으로 만들 더 큰 가능성을 활짝 열어젖힌다. 이런 이유에서 그것은 현대적 사랑이다. 뭐 깨우침은 쓸모없지만, 나는 인류학자들이 에믹적 관점과 에틱적 관점 사이에 짓는 구별을 흥미롭게 느낀다. 에믹적인 것은 사회 자체의 구성원이 지닌 관점과 관련되어 있으며, 에틱적인 것은 자신만의 방식대로 사회를 바라보는 외부인의 관점이다. 연인들은—내가 잘못 알고 있는 거라면 정정해달라—그 두 관점을 한데 모으길 고집한다, 일종의 이중 노출. 외부에 표시되었어야 할 경계, 너의 이상함을 내 마음속 깊은 곳으로 끌어들이기 위해. 하지만 계속 이상하게 남겨두라. 그 세 가지를.

마음 밖에는 오소리 경전이 없고, 오소리 경전 밖에는 마음이 없다, 라고 한문의 대가인 판 노사는 오소리 꼬리로 만든 붓으로 썼다.

콜로라도주, 메사베르데

인생이란 여행에서의 순간들이다, 다들 대체로 그 사실에 동의하는 듯하다. 선험성先驗性 사이로 강풍이 울부짖는다. 그럼에도 여행자는 정말 어쩌다 한 번씩, 아무런 의심도 없이, 자신이 찾고 있었다고 확신하는, 전에는 한 번도 본 적 없는 그런 장소에 이른다. 그는 들어간다. 처음에는 안쪽의 모든 게 이상함으로 아주 흠뻑 젖어 있어서 숨을 쉬기가 어렵다―하지만 이제 보라: 이미 그것은 3월 바람 속 빗물처럼 가장자리부터 마르고 있고, 아닌 게 아니라 그는 이후로 절대 그 텅 빈 상태를 되찾지 못할 것이다, 그 상태 속에서 그는 그것을 처음 보았다, 첫 눈길의 수술手術. 순수 인류학의 그 순간.

네 첫인상은, 폭풍이 몰아치는 어두운 밤, 붐비는 칵테일파티, 라디오에서 흘러나오는 빌리 홀리데이. 등받이가 똑바른 의자에 등을 똑바로 붙이고 앉아 있었다, 손목 부근에서 교차시킨 길고 하얀 두 손. 좋아 동성애자로군, 나는 그렇게 생각하고는 그에게 먹에 대해 말하기 시작했다. 정말 이루 말할 수 없이 새로웠어.

콜로라도주, 메사베르데

캠핑은 결합했다가 떨어졌다가 다시 결합하는 패턴이다, 아리스토텔레스의 비모순율이 그러하듯. 동일한 것에 있어서 그 동일한 것을 동일한 방식으로 붙잡는 동시에 붙잡지 않는 일은 불가능하다고 아리스토텔레스는 말한다. 텐트 안은 뜨겁고 시간은 매우 이르다. 바깥에는 태양이 벌거벗은 채로 떠 있다. 옆 텐트 안의 인질이 자기 침낭의 지퍼를 열기 시작하는 소리가 들린다. 중간에 지퍼가 걸린다. 당신은 나를 무정한 인간으로 여길 게 분명하다. 성교를 인간적인 행위로 느끼지 못하는 사람은 결코 유쾌한 존재가 아닐 거라고 아리스토텔레스는 말한다. 나를 너의 어린 남창으로 삼아. 황제의 목소리는 어두운 전기 코일이다, 그 맛은 내 뇌를 뜨겁게 한다. 자연언어는 진주만큼이나 상처 입기 쉬우며 비모순율은 입증하기에는 너무 기초적이라고 아리스토텔레스는 공언한다, 그것은 오로지 논박될 수 있을 뿐이다. 단 하나의 반례면 충분할 것이다. 일어나라, 다루마 인형아.

콜로라도주, 89번 국도

복잡한 문장 속의 불변화사 두 개처럼 우리는 나란히 앉아 앞으로 나아간다, 눈은 도로에 고정한 채. 병렬이란 표면은 차갑고 아래는 알 수 없는, 언어의 과열된 순간이다. 부디 내 용기가 나를 저버리지 않길. 육신과 그림자는 서로를 위로한다, 라고 한문 격언은 말한다. 나는 어린 시절 대부분을 자동차 후드 쪽을 똑바로 바라보고 미국이 지평선을 향해 펼쳐지는 광경을 응시하며 보냈다. 아버지 또한 눈을 도로에 고정한 채 운전했다. 테이프를 멈추고 이 사람들을 좀 보라, 젊은 사람 한 명과 나이든 사람 한 명을. 벽에 금이 가게 하는 침묵 속에서 초속 186,213마일의 속도로 서로에게 돌진하는 동안에도 가만히 있는 것처럼 보이는, 우주의 깊은 바람 속에 걸려 있는 별 같은 두 사람을.

콜로라도주, 90번 국도

파란 하늘이 우리를 유타주 쪽으로 망치처럼 두드려댄다. 낙석 지역. 시끄러운 라디오, 가식적으로 행동할 줄 모르는 남자들과 함께 사랑의 오두막에 있는 여자들. 사막이 시작된다. 빛이 당신의 눈꺼풀을 뒤로 벗긴다. 우리는 실로폰 음처럼 메마르고 황량한 도로를 따라 달리며 탈색된다.

콜로라도주, 유트랜드

"자 여기, 지도를 보고 우리가 있는 데가 어디인지 말해 줘." 그가 내게 지도를 건넨다. 심장이 철렁 내려앉는다. 나는 우리가 향해 가는 자갈 사막을 힐끗 내다본다, 그 물 없는 대양을. 하늘이 너무 파래서 눈에 묻을 듯하다. 나는 다시 빛 속으로 빨려들어가고 있는 그림자를 본다. 어느 방향으로도 주요 도로는 보이지 않는다. "우리가 주요 도로에서 얼마나 떨어져 있는 거지?" 라디오 잡음 사이로 그의 목소리가 들려온다. 한편 트럭은 도로 여기저기 파인 홈을 지나며 사막 바위의 연골 위로 거칠게 달려간다, 단단히 묶인 비단 천막, 튀어오르는 반들반들한 바위들. "그렇게 서두르는 데 무슨 이유라도 있는 거야?" 그는 대답하지 않는다. 우리는 포트홀을 만나고, 기울어지고, 후진하고, 다시 요란하게 달린다—그럼에도 사실 우리 주위의 풍경은 점점 더 속도를 줄이고 있는 듯 보인다. 2인용 텐트만한 반들반들한 바위들이 그림자 없는 땅 위에 차례로 반듯이 놓여 있다. 검은 원한을 품고 잇따라 튀어오른 바위들이 길가에서 정지한다. 공중의 모든 곳에서 빛이 멈춘다. 상황이 가장 좋은 때조차, 우리의 행위는 누구에게 속해 있는가? 라디오에서 레이 찰스가 중국어로 노래하는 듯한 목소리가 들려온다. 어쩌면 나는 그저 신비주의적인 기분에 빠져들고 있는 건지도 모르겠다, 아버지가 그렇게 말하곤 했듯이, 하지만 이곳에서는 마음이 놓이질 않는다. 지도에 따르면 이 지역 전체가 유트족 보호구역이다. 뭐 훌륭한 첩은 객관적 조건에 구애되지 않는다는 것은 사실이다, 그녀는 어떠한 방이나 상황에서도 흥미를 자아낼 줄 안다, 그녀의 명랑한 재잘거림은 손님을 웃게 할 것이고, 시간이 흐르게 할 것이다. 하지만 나는 지도에서 '유트' 아래에 적혀 있는 '관계자 이외 출입 금지'라는 말이 마음에 들지 않는다. 나는 황제를 힐끗 쳐다본다, 정면을 똑바로 응시하면서 그는 기관총 공격에 대응사격하는 사람이라도 되는 양 운전하고 있다. 유트. 스릴. 유트. 발아래로 앞쪽 차축의 끝부분이 느껴진다, 그것이 나 자신의 뼈라도 되는 것처럼. 그것은 부서질 것이다. 부서진다.

    유트의 하늘에는 유트가 담겨 있다. 유트의 포트홀에는 포트홀이 담겨 있다. 유트의 사막에는 '관계자 이외'의 사람들이 담겨 있다, 사막이 그들 주위로 천천히 도착하더니 제자리에 단단히 고정된다. 트럭 앞으로는 하나뿐인 석유 굴착 장치가 움직이지 않는 대기 속에서 유령처럼 희미하게 위아래로 움직이고 있다.

유타주, 러즈

분노했냐고? 아니다, 그건 늘 나중의 일이다. 그녀가 그에게 손을 뻗고 있다, 그는 너무 행복해졌는데 왜 그런지는 중요하지 않다—바깥은 여전히 어둡다—하지만 보라, 그는 이미 외투를 단단히 여미며 거리 쪽을 힐끗 쳐다보고 있다, 거리에서는 택시가 도로 경계석 쪽에서 게으름을 피우고 있고 시원하고 별이 총총한 새벽에 그를 붙잡으려고 침대에서 무릎을 대고 일어나는 그녀의 아이 같은 팔은 기쁨으로 후들거린다. "다시 자." 그가 그녀를 가볍게 밀어내며 말한다. 그는 얼마나 친절한지. 그는 얼마나 좋은 냄새를 풍기는지. 저 차가운 외투 냄새는 마약 같은 그 사람, 오직 꿈에서만 아는 그 사람을 늘 떠올리게 해줄 것이다, 현실 세계에서 둘은 한 번도 껴안은 적이 없었다.

깨어날 때쯤 온몸이 분노로 타들어간다, 나는 낮의 사막 사이로 출발한다. 이미 늦었다, 해야 할 일이 많다. 농장의 개처럼 빛이 내 발뒤꿈치를 덥석 문다. 라디오에서 레이 찰스가 노래한다, 당신은 내 마음이었던 것을 가져가 버렸지. 통계에 따르면 여자들은 남자들보다 자기 아버지 꿈을 40퍼센트 더 자주 꾼다고 한다. 그러는 게 어때, 그래 오 그러는 게 어때. 또한 숙면 상태에서 여성의 뇌가 남성의 뇌보다 현저히 더 높은 반구 응집성을 보인다고 한다. 나를 전부 가지는 게 어때. 신경학자들은 불면증 환자 실험 도중에 우연히 얻은 이 자료로 무엇을 해야 할지 여전히 모르는 상태다. 내 팔을 가져 나한테는 필요 없으니, 그러는 게 어때 오 그러는 게 어때 그래 그러는 게 어때, 나를 전부 가지는 게 어때.

유타주, 내추럴브리지

붉은 식물이 유타주를 무더기로 뒤덮고 있다. 속이 잔뜩 부푼 기모노처럼 위로 쌓여간다, 초록색 비단 같은 층층 비탈과 함께. 멀리서 보니 탄력 있어 보이는 붉은 밀가루 더미들, 어떤 대기나 오래된 바다의 손이 치대고 구멍을 냈을까? 황제가 바위에서 바위로 건너뛰며 내 앞에서 외친다. "2억 1천만 년이나 된 거야!" 그의 소년 같은 몸이 바람에 흔들린다. 2억 1천만 년 동안의 욕망이 나를 휩쓸고 간다. 피를 빨아먹는 욕망. 꿈꾸는 신의 눈을 통해 휙 빠져나가는 씨앗처럼 그 욕망을 탈출시킨다면—그러면 그가 겁먹고 달아날까? 남자들은 욕망에 대해 거의 아무것도 알지 못한다, 그들은 그것이 성행위와 관련되어 있거나 그런 식으로 방출될 수 있다고 생각한다. 하지만 섹스는 대체물이다, 돈이나 언어가 그러하듯. 때때로 나는 보는 행위를 관둬버리고 싶다.

유타주, 하이트마리나

캠핑은 결혼과도 같다—갇혀 있음, 그게 바로 그 단어의 의미다. 그 세 가지. 황제는 팬케이크를 먹으며 미국에서는 '퍼니스'라고 부르는 신문 만화란을 보고 있다, 나는 만화란을 보지 않는다—나는 만화란의 농담을 알아듣지 못한다. 그는 나를 위해 괜찮은 부분을 연필로 표시하고 있다. 그래도 나는 입을 손으로 가린 채 웃어야 할 것이다, 첩의 딜레마. 한편 나는 작은 식당의 창밖으로 풍경을 바라본다, 멍한 붉은 달. 어떤 쾌락주의자가 이 메마른 바다에 몸을 담갔을까, 깊이가 2억 1천만 년이나 되는 구멍 같은 욕망으로—어땠을까, 그가 유타주를 다리로 감싼 그날 밤은? 그 만화란을 거꾸로 볼 수도 있다, 그러면 만화란은 환히 밝혀진 생명의 작은 네모칸들이 된다. 뽀빠이가 바다 마녀의 배를 이물에서 고물까지 오가며 유쾌한 난동을 부리고 있다. 선실에서는 바다 마녀가 자리에 앉아 미스터 윔피와 함께 아침 차를 마시고 있다. 좋은 아침입니다, 멋진 부인. 간밤에 잘 주무셨길요, 미스터 윔피가 페도라를 들어올리며 말한다. 바다 마녀가 미스터 윔피를 가까이 끌어당긴다. 그의 둥근 코를 깊이 들여다보며 그녀가 말한다, 왜 그런지 모르겠지만 당신은 나에게 묘한 스릴감을 안겨주네요, 미스터 윔피. 당신은 꺼진 줄로만 알았던 내 안의 불꽃을 되살아나게 해요. 미스터 윔피는 페도라를 잡은 양손을 등뒤로 한 채 정중한 자세를 취하고 있다. 바다 마녀가 그의 목에 팔을 두르고 있다. 미스터 윔피가 눈을 깜박인다. 당신이 가까이 있으니 저도 스릴감이 느껴지네요, 바다의 보배인 당신. 그런데 혹시 바로 먹을 수 있는 샌드위치가 한 조각 있을까요? 황제가 신문을 탁 덮는다. 이제 캐니언리프의 암각화를 보러 갈 시간이다, 혹은 2억 1천만 년 전 다른 뭔가를 들여다보는 창문 같은, 유타주에 새겨진 선사 시대의 또다른 만화를. 방금 뭐라고 하셨죠? 미스터 윔피가 말한다.

유타주, 파월호수

인공호수에는 대단히 평온무사한 느낌이 있다, 과격한 회의론자의 자기 인식이 그러하듯. 우리는 자정을 몇 시간 넘긴 시각에 도착해서 트럭 옆에서 잠이 든다. 이제 새벽이 되자 파월호수의 영혼 없는 텅 빈 응시가 느껴진다. 나도 응시한다. 보통 풍경을 바라볼 때면 산맥에서 호숫가로, 하늘로, 물결로 이동했다가 다시 돌아가는 무언가를 느낄 수 있다. 이곳에서는 그런 대화가 일어나지 않는다. 수면 위로 잿빛이 몸을 웅크린다. '24 / 7 / 365 시행'[20], 상반부가 훼손된 간판에는 그렇게 쓰여 있다. 그리고 그 옆, 간판과 우리 트럭 사이의 자갈 위에는 거대한 콘크리트 블록이 놓여 있다. "차를 몰고 나갈 때 저 블록에 부딪히지 않도록 조심하렴." 나는 내 입에서 아버지의 목소리가 튀어나오는 것을 듣고 깜짝 놀란다. 아버지는 예전에 이런 종류의 흑마술 전문가였다. "그거 떨어뜨리면 안 된다." 내가 유리를 집어들 때마다 그렇게 말했다. 선의로 한 말이었다. 그것은 아버지를 사로잡은 명령이었고, 제정신을 잃기 시작하면서 아버지는 이 문제로 고통스러워했다. 아버지는 하루종일 목록을 만들곤 했

---

[20] 1년(365일) 동안 매일(일주일에 7일), 매시간(하루에 24시간) 시행된다는 의미.

다, 돌아다니는 곳마다 옷에서 떨어지는 목록을. 어느 늦은 저녁 나는 아버지가 읽던 책을 집어들었다. 페이지 맨 위에는 연필로 이렇게 쓰여 있었다, 불을 끌 것. 아버지는 늘 힘차게 글을 쓰는 사람이었다. 글자는 다음 세 페이지까지 돋을새김되어 있었다.

유타주, 자이언캐니언

나는 놀랄 만한 자책감이 드는 와중에도 냉담한 태도를 유지하려 애쓴다. 비디오테이프는 사실들을 제공할 것이다ー망가진 텐트 말뚝, 형편없이 접힌 지도, 빵 안에 들어간 쥐들, 침울한 고행ー내가 재판에 회부된 것은 쾌락을 배반했기 때문이다. 나는 몹시 피곤하다; 심문은 나를 권태롭게 하고, 지난 여러 해 동안 독자적으로 행동할 수 있었던 까닭에 나는 옳고 그름에 대한 감각을 상실하고 말았다. 만사를 처리하는 데는 옳은 방식과 그른 방식이 있다, 아버지는 그렇게 말하곤 했다. 글쎄 현재로서는 나는 옳은 쪽이다. 황제를 위해 저녁때 먹을 오믈렛에 넣을 양파 썰기. 양파가 산산이 부서지는 모습은 꼭 다이아몬드 같다, 나는 내 팔꿈치에서 이제 막 캠프장 위로 떠오른 금성으로 이어지는 축을 중심으로 양파 조각을 정렬시키고 있다. "지금 그 양파로 뭐하는 거야?" 갑자기 내 위로 그의 목소리가 일어선다. 목소리는 그물처럼 떨어진다. 주위를 둘러보니 나는 양파 일곱 개를 썰었고 여덟번째 양파를 썰기 시작하고 있다. 나는 젊었고, 그때는 아침이었고, 나는 내가 날라야 할 그릇을 받고는 박살내버렸다. 하지만 나는 그렇게 말하지 않는다. 비디오테이프의 이 시점에서 당신은 아주 작은 금성을 본다, 그의 양눈에 비쳤다가 검어지는.

유타주, 자이언캐니언

캠핑은, 종교가 그러하듯, 당신의 진정한 적이 누구인지 확실히 알려줄 것이다. 유타주를 떠나는 종교적 절차의 일부는 '한 방에 휙 the straight shot' 의식이라고 불린다. 그 말은 우리가 하루종일 기다리다가 해 질 무렵 출발해서 밤에는 데스밸리를 가로지르고 동이 틀 무렵 로스앤젤레스에 도착한다는 뜻이다. 나는 이 생각이 마음에 든다. 그럼에도 나는 그 생각에 장황하게 반대론을 펼치고 있는 내 모습을 발견한다, 마치 그게 바로 나라는 것처럼. 황제는 아주 조용해지더니 그늘로 자러 간다. 그게 바로 그다, 그는 언제든 잘 수 있다. 그리하여 오후 시간은 느리게 겹겹이 쌓여간다. 나는 트럭에 앉아 기어 바꾸는 연습을 한다. 시간에게는 성별이 있다; 당신도 알고 있으리라. 이를테면 연애 초기에 보내는 오후들은 여자의 인생에서 가장 긴 시간에 속한다. 방에 전화기가 있다면 쳐다보지 않는 게 낫다. 하지만 그렇더라도 당신은 점점 그의 오후가 마치 또다른 채널에서 재생되는 비디오테이프같이 당신 자신의 오후와 평행하게 흘러가는 것을 느끼게 될 것이다, 그의 오후들이 천천히 솟아오르며 하나둘 쌓이고 쌓이다가 마침내 빛의 꼭대기에서 전부 균형을 이룬 채—밤을 향해 무방비로 획—떨어질 준비가 되어 있는 것처럼 보이게 되는 순간을 맞이하게 될 것이다. 뭐 깨우침은 쓸모없지만, 나는 한 방shot에 목표 대상이 있다는 사실이 마음에 들지 않는다. 우리가 로스앤젤레스로 가고 있는 것은 그가 그곳에서 살고 싶어하기 때문이다. 의식이 끝나고 나면 캠핑객들은 각자의 길을 간다.

퀘백주, 라신

언어는 다른 사람과 사는 고통을 달래주는 것이다, 언어는 상처를 다시 벌어지게 하는 것이다. 나는 인류학자들이 그런 순간을 소중히 여긴다는 말을 들었다, 단어나 언어의 일부가 또다른 사람 속으로 들어가는 열쇠 구멍처럼 열리는 순간을, 어떤 정리되지 않은 관용구 속에서 완전히 이질적인 세계가 굉음을 내며 지나가는 순간을. 당신은 알베르틴이 "항아리를 깨뜨리게 하다"[21]라는 말을 무심코 흘렸을 때 프루스트가 몹시 진저리를 쳤다는 사실을 기억한다. 혹은 당신은 베를린 사람이 "불법 거주 건물 마을"이라고 말하는 것을 듣는다—그러고는 갑자기 석양, 겨울, 창문에 김이 서린 더러운 부엌에서 달걀을 요리하는 연인들, 차갑게 흘러가는 강, 눈을 헤치며 나아가는 어린 고양이들을 본다. 당신은 친족 어휘의 부주의한 사용처럼 흥분되는 이런 메모로 당신의 공책을 가득 채울 수 있다. 이를테면 황제와의 친분을 통해 나는 내 공책에 dick과 cunt와 score[22]라는 어휘를 추가했다, 사전적 의미는 전에도 알고 있었지만 이제 그 용법까지 알게 된 어휘들. 연구는 뜻밖의 방식으로 활기를 띤다. 오늘밤 우리가 15번 국도를 달리는 동안 라디오 저녁 뉴스에서 내

---

21 "항아리를 깨뜨리게 하다(se faire casser le pot)"라는 표현은 동성애자의 성행위를 가리키는 말로, 여기서 '항아리'는 '항문'을 뜻한다. 실제로 마르셀 프루스트의 소설 『잃어버린 시간을 찾아서: 갇힌 여인』에서는 '항아리(le pot)'가 생략된 채 "깨뜨리게 하다(se faire casser)"라는 표현만 등장한다.

22 'dick'과 'cunt'는 각각 남성과 여성의 성기, 혹은 남성과 여성에 대한 모욕적인 표현으로 사용되는 속어이며, 'score'는 '성교하다'를 뜻하는 속어이다. 'dick'과 'cunt' 또한 '성교하다' '성교'의 의미를 지니고 있다.

고향 이야기가 들려온다, 한 남자가 사냥용 라이플을 들고 교실로 들어가 열네 명의 소녀를 쏘아 죽였다는 이야기. 그의 주머니에 들어 있던 공책에 따르면 그는 여자에게 질렸고, 여자의 입술은 그를 성가시게 했으며 그는 여자와 재미를 보지score 못했다. 뭐 다들 향해 가야 할 벽이 있고, 다들 차가운 밤공기 속에서 치유해야 할 심장 판막이 있다. 하지만 당신은 우리 중 누구도 순수하지 않다는 걸 안다. 당신은 언어가 보호하는, 사랑이 복종하는 그 분노를 안다. 그 세 가지. 왜 복종하는가.

네바다주, 15번 국도

자기야 우리는 호사스러운 사랑을 해, 레이 찰스가 라디오에서 노래한다. 이틀 전 새벽 파월호수에서 서둘러 출발하며 황제가 콘크리트 블록 위로 차를 몬 이후 앞바퀴가 약간 뒤틀렸고, 한 방에 휙 가겠다는 생각은 15번 국도에서 시속 40마일로 불안하게 흔들린다. 우리는 유타주를 벗어난다. 붉은 바위들. 애리조나주를 지난다. 오래된 용암의 검은 앞발들, 양쪽 도롯가를 꽉 붙잡은. 네바다주로. 쥐의 수염 같은 빛. 사막의 통사론은 뜨겁고 거래적이다: '700대의 완전 잘 터지는loose 슬롯머신'. "잘 안 터지는 슬롯머신은 빽빽하다tight고 하지." 황제가 광고판을 힐끗 내다보며 말하고는 다시 중국 역사 강의를 시작한다. 1539년에 끝없는 가뭄에서 벗어나고자 했던 몽골의 대군이 제국의 북부 국경을 침략했다. 타오허까지 뚫고 들어간 몽골군은 그곳의 토착민인 판족을 물리치고 남자 인구를 줄이고는 유역에 남아 거주했다. 그리고 그들은 자신들의 언어가 오염되지 않도록 판족 여자들의 혀를 자르기로 결심했다. 그러자 남자들이 계속 이야기하는 동안 여자들은 침묵할 수밖에 없었기에 이들은 판P'an(팡판셴p'ang fan shen)이라고 불리게 되었다, 그것은 "나는 꿈을 꾸었다" 혹은 "피 없이 뛰는 맥박"을 의미한다.

사람들을 결속시키는 것에 대한 이야기보다는 사람들이 어떻게 서로 상처를 입히는지에 대한 이야기가 더 하기 쉽다. 각 행을 정확하게 쓰는 대신 빠르고 서투른 붓질로 넘어가는 경향이 있는 이 이야기꾼을 조심하라. 나는 당신의 마음을 속여서 당신의 눈이 보지 않은 것을 봤다고 믿게 만드는 법을 안다. 얇게 칠해진 먹의 장막은 사막이 아니다. 먹이 종이로 스며드는 것은 사랑의 행위가 아니다, 그럼에도 그것은 사랑의 행위다. 보라.

네바다주, 데스밸리

석양의 단단하고 뜨거운 옹이들이 땅 위의 수많은 작은 바위들을 가로지르며 신음한다. 우리는 창문을 닫고 달리고 있는데, 데스밸리의 온도가 화씨 100도[23]이기 때문이다. 나는 어둠 속에서 그의 얼굴 가장자리를 바라본다. 그 얼굴 가장자리의 아름다움이야말로 나를 그와 결속하게 하는 이유 중 하나다. 어떻게 하면 이 말이 고결하게 들리게 할 수 있을지 모르겠다. 영혼이 고양되는 데는 수많은 이유가 있다. 그중 몇몇 이유는 멀리서 바라보는 산맥과 개울의 순수한 경치와도 같다. 다른 몇몇 이유는 죽음처럼 뜨겁다. 아까 아침에 우리는 그의 박사 학위 논문 주제(축첩 제도와 전통적 아내의 개념)에 대해 간단히 의견을 나누었다. '황제의 여교사가 궁중의 첩들에게 전하는 조언', 그것이 내가 운전하는 동안 그가 소리 내어 읽고 있던 3세기 두루마리의 제목이다, 늦은 오후의 빛이 내 눈꺼풀 안에서 검은 별들 같은 연기를 내뿜었다. 호의는 절대 남용되어서는 안 되며 사랑은 절대 독점적이어서는 안 된다, 여교사는 우리에게 상기시켜준다. 내게 이

---

[23] 대략 섭씨 38도.

주제는 편지 폭탄[24]을 뜯어서 여는 것과도 같다. 독점적인 사랑은 수줍음을 낳고 지나친 열정은 변덕스럽다. 그 문제에 대해 내가 할 수 있는 말은 별로 없었다. 나의 영혼은 조잡하고 초보적이다. 열기 띤 감정은 아름다움에서 온다. 그것은 또한 다른 첩들을 생각할 때도 온다. 뭐 깨우침은 쓸모없지만, 어쩌면 이는 수묵화에서 더 잘 나타날지도 모르겠다, 수묵화에서는 슬롯머신이 '상자를 멈춰라'라는 말에 대한 시각적 말장난이 될 테니까. 한편 황제는 중국어로 무슨 말인가 하고 있고, 우리는 자갈 언덕과 솔트 플랫[25]을 빠르게 가로지르며 그가 꿈꾸는 땅으로 향해 가고 있다. 도道는 절대 번창하지 않고 더 나빠질 뿐이다—한문 격언은 이 점에 있어서 확고하다. 그렇다고 황제의 여교사는 우리에게 상기시켜준다. 그렇다고 황제는 반복해서 말한다. 그렇다고 나는 당신에게 말한다. 사막에는 채우고 비워야 할 하나의 그릇이 있다. 그 그릇의 순수한 테두리 위로 수줍어하는 라스베이거스의 황금빛 윤곽이 이제 막 시야에 들어오고 있다.

---

[24] 개봉하면 폭발하는 편지.
[25] 물의 증발로 침전된 소금층으로 뒤덮인 평지.

네바다주, 라스베이거스

라디오에서 누군가가 레이 찰스를 인터뷰하고 있다. 나는 노래를 부를 때 그게 나만의 방식대로 악취를 풍기게 하길 좋아해요, 레이 찰스가 말한다. 눈을 감고 있으니 층층이 뜨거워지는 라스베이거스의 변덕스러운 도道의 냄새가 난다. 차를 멈춘 빈도로 판단하건대, 우리는 시내 중심가를 통과하는 중인 듯하다. 교차로에서는 개의 잔털 냄새가 난다. 사람들이 뜨겁게, 차갑게, 뜨겁게 밀려갈 때는 생간 냄새가. 네온사인에서는 충격 요법 냄새가 나고, 그것은 그때와 마찬가지로 마음에 얼음송곳으로 벤 자국을 남긴다. 열세 살 생일 전날에 고모와 이모들이 아버지에게 어린 여자애들과 위험한 나이에 대해 말하던 것을 우연히 들었던 기억이 난다. "하지만 걔는 그들처럼 되진 않을 거야." 아버지가 확고히 말하는 것을 나는 들었다. 내 마음은 자부심으로 가득 찼다, 루비 냄새가 나는 자부심으로. 7일 밤 동안 흔들고rock, 레이 찰스가 노래한다, 7일 밤 동안 구를 거예요roll. 그의 목소리에서는 비에 젖은 나무 냄새가 난다. "그럼 나는 누구처럼 될까요?" 이것은 내가 아버지에게 미처 던지지 못한 질문이다. 매일 밤 다른 여자와 함께 다른 장소에서 얼굴을 내비칠 거예요. 글쎄 나는 원하는 누구든 될 수 있을 것이다,

더 정확히 말하자면, 눈을 감은 채, 아무도 되지 않거나. 꿈꾸는 세상에서 꾼 꿈은 진짜 꿈이 아니다, 라고 한문 격언은 말한다, 진짜 꿈은 꾸지 않은 꿈이다.

캘리포니아주, 15번 국도

사막에서의 새벽 3시. 도롯가를 따라 눈에 뒤덮인 거대한 오소리들이 잠든 채 누워 있다. 대나무처럼 용감하게 황제는 차가 부서지지 않도록 잘 몰고 있다, 우리가 덜컹거리는 밤을 뚫고 돌진하는 동안. 나는 단단히 앉아서 연민에 대한 헌신을 완벽히 갈고닦으며 눈이 위아래로 숨쉬는 것을 지켜본다. 별들이 불타오른다. 달이 떠올라 관능적이고 단순한 머리를 기울이더니 하늘을 가로지르며 헤엄쳐간다. 우리가 고속도로를 달리기 시작하는 동안 달은 눈을 한 번 깜박이고는 LA의 스카이라인과 충돌하며 고요히 사라진다, '천자문'을 붓으로 써달라는 부탁을 받고서 스물여덟번째 글자까지 쓰고는 "나머지는 잊었어"라고 말하고 멈춰버린 한문 격언의 대가처럼 고요히. 황제는 점점 더 행복해한다. 우리는 그가 꿈꾸는 땅으로 다가간다. 그곳에는 연꽃이 자란다. 그가 붓으로 그은 검은 선이 종이를 찢는다.

캘리포니아주, 로스앤젤레스

공동空洞이 열린다. 우리가 덜컹거리며 빛의 전경을 달려가는 동안 선셋대로에 텅 비고 뜨겁고 굶주린 새벽이 밝아 온다. 황제는 한 손으로 라디오 다이얼을 돌리며 마음에 드는 토크쇼 방송을 찾고 있다. 사랑이 어떻게 시작되는지 제가 알까요? 네 저는 사랑이 어떻게 시작되는지 알아요, 차분한 여자 목소리가 들려온다. 황제가 다른 라디오 방송으로 다이얼을 돌린다. 우주가 발달하기 전에 적어도 10억 광년에 걸쳐 뻗어 있는 넓은 면적의 은하 층이 있었죠, 바로 과학자들이 '거대한 벽'[26]이라고 부르는 것입니다. 우주의 먼 어딘가, 하지만 시간의 시작점과 놀라울 만큼 가까운 곳에 있는 준항성 혹은 준성에서 빛이 도래하기 시작했어요. 아주 엄청나게 응집된 물질이 거대한 벽에 있는 모든 은하에 지속적으로 중력을 행사했죠. 과학자들은 이러한 인력의 존재를 '거대 인력체'라고 부릅니다. 어떤 과학자들은 또한 '암흑물질'이라고 알려진 신종 입자의 존재를 믿으며 폭발하는 별들에서 충격파가 발생했다고 믿어요. 희미하게 울리는 소리. 거대한 벽이 덜커덩거렸고ㅡ목소리에 잡음이 섞인다, 황제가 다른 라디오 방송으로 다

---

[26] '은하의 벽'이라고도 불린다.

이얼을 돌린다. 사랑이 어떻게 끝나는지 제가 알까요? 그가 라디오를 탁 끈다.

캘리포니아주, 로스앤젤레스

고통은 아무 의미도 없다. 순수한 절벽은 없다. 고통은 오븐이다. 약이 다 떨어지고 호사스러움이 떨어져나가는 곳에서는. 하지만 일단 지금 그는 잠들어 있다. 반짝인다. 밤은 천천히 불타오른다. 늘 배회하는 나의 욕망, 내가 싫어하는 그것이 침대 옆에 앉아 있다. 보름달, 내가 그와 마지막으로 보게 될. 벌써 아주 긴 세월이 지난 것처럼 느껴진다. 각각의 사소한 것들이 완전한 진실인 것처럼.

캘리포니아주, 로스앤젤레스

낮 동안 나는 오븐 속 거리를 걷는다. 며칠 전에 벌써 떠났어야 했다. 왜 여자들은 자신들이 상황을 나아지게 만들 수 있다고 생각하는가? 그의 옆에 앉을 때마다 나는 인쇄되듯 내게 전해지는 고통을 느낀다. 나무는 이미 한 척의 배가 되었다, 라고 한문 격언은 말한다. 당신이라면 그가 필요로 하는 치료약을 찾을 수 있었을까? 그늘진 불법 거주 건물의 매트 위에 그가 눈을 뜬 채 누워 있다. 반짝인다. 고통은 대화에 좋지 않다. 하지만 남자들은 늘 고통 속에 있다, 그렇지 않은가? 어떤 의미에서는. 욕망의 해악은 그들에게 바이러스와도 같다. 여자들은 어떻게 이 고통을 피하는가, 그것이 내가 지닌 질문이다, 결론은 나지 않아도 흥미로운, 오랫동안 즐겨온. 당신은 여자들이 그것을 피하지 않는다고 말할지도 모른다, 그럼에도 남자 첩은 원형적으로나 역사적으로나 드물다. 어쨌든 황제는 내가 떠나면 다른 연인을 구할 것이다, 그것은 신의의 문제가 아니라 쾌락의 문제라고 그는 말한다. 나는 차분히 무릎을 꿇은 채 이 추론에 귀를 기울인다, 비록 내 폐와 심장부에서 갑자기 공기가 전부 빠져나가버린 듯하긴 하지만. 쾌락은 중요하다. 쾌락은 사람을 이해하는 방식이다. 쾌락은 무한한 실험이다. 뭐 사랑에 빠지기 전에는 나도 추론이라는 것을 하곤 했다. 나는 젊은 판족 강도였다. 나는 악당이었다. 상자를 멈춰라.

캘리포니아주, 로스앤젤레스

다시 거리로 나와 특정한 목적지 없이 빠르게 걷는다. 수 세미 같은 음울한 하늘 아래 하얗게 흠뻑 젖어가는 정오. 비디오테이프에서 당신은 그 여자가 낮의 앞에서 뒤로 이어지는 좁은 틈을 따라 움직이는 모습을 볼 수 있다. 선명도는 훌륭하다. 그녀는 차분하게 추론하고 있다. **행복은 대부분 상당히 빨리 끝나버리고 만다**, 라고 한문 격언은 말한다. 인간 대뇌의 실비우스 고랑은 실룩거리는 세포 주름에 포개지고 숨겨진 까닭에 고랑의 가장자리가 넓게 벌어질 때만 보이는데, 바로 그곳 가장 깊은 곳에 신경학자들이 뇌섬엽insula이라고 부르는 뇌의 중추엽이 자리한다. 그것은 '섬island'을 뜻한다. 여자는 이 사실을 단단히 붙들고 있다. 아주 이상하고 단순한 무언가. 내부를 뜻하는 한자의 부수는 텅 빈 상자다. 상자 내부에 또다른 부수를 넣음으로써 당신은 원하는 어떤 내부성內部性이든 나타낼 수 있다. 이를테면 인간의 사랑은 그것이 일어나고 있는 동안 내부성 내부에 있는 무언가처럼 보일 것이다. (당신은 삽입되는 것을 늘려서 베를린 사람들이 붉은색의 붉은색 *das Rot des Roten*이라고 부르는 것을 만듦으로써 이를 나타낼 수 있다.) 반면에 내부성은 당신을 유리 눈알처럼 뱉어버릴지도 모른다. 그럴 경우 당신은 어제 혹은 그 전날 갈아둔 먹으로 상자를 검게 칠하고서 **그저 스릴을 위해**라고 말해버리면 된다.

캘리포니아주, 로스앤젤레스

나는 할 이야기가 없다. 앞 얼굴, 머리 뒤, 옆모습. 머그샷. 용의자는 다시 나타날 것이다, 다시 나타나지 않을 것이다. 사랑에 대해 알아야 할 게 많다, 중국 황제가 나에게 숨긴 것만큼이나 내가 당신에게 많은 것을 숨기고 있다고 해보자, 당신은 그 휑하고 창문도 없는 방에 만족하겠는가? 당신은 무無에 대해 낙관론자가 될 수 있는가? 시도해보라. 나의 힘은 전적으로 힘없는 자들에게만 속한 종류의 것이다. 설명할 수 없는 것이면 설명하지 말라, 라고 한문 격언은 말한다, 설명하지 않을 거라면 설명 없이 해결하라. 인류학자가 우선해야 하는 일은 외부를 내부에 드러내는 것이다. 그것은 발견되면 사라지는 부족이다, 욕망이 그러하듯. 갑자기 한 얼굴이 보이는 어떤 얼룩투성이 벽이 그러하듯.

캘리포니아주, 로스앤젤레스

어두운 방이 시간을 따라 천천히 새벽으로 향해 간다. 캠핑 생활에서의 마지막 밤. 황제는 뒤척이고, 물결 속에서 몸부림치고, 가라앉으며 잠을 이어간다. 땀. 울음. 침대에

묻은 그의 오래된 핏방울, 다른 얼룩들. 환경은 물과 성격이 같다, 라고 한문 격언은 말한다. 어떤 학자들은 이 말을 변화나 변하기 쉬운 성질에 대한 언급으로, 혹은 우리가 익사한다는 의미로 이해한다, 혹은 눈물로. 뭐 깨우침은 쓸모없지만, 나는 그 말이 자유는 산 채로 불타오르는 하나의 방법이라는 것을 의미한다고 생각한다. 나는 아버지가 담요로 된 우리 속에 웅크린 채 불타오르는 모습을 보았다, 검은 네온 빛 정오의 병원 복도에서 천 살이나 먹은 채. 아버지는 입과 두 눈으로 열심히 집중하고 있었다. 그러다가 나를 향해 돌아섰다, 시선을 내게 고정했다. "그래서 뭐?" 아버지는 말하더니 길고 두서없이 속삭이며 스스로 답했다. "불은 네 안에 있는 것 가운데 가장 멀리 있으면서 가장 나쁜 거야."

퀘백주, 라신

글쎄 진실의 시중을 들지 않으면 진실을 알아차릴 수 없다. 설령 시중을 들더라도 알아차리지 못할지 모른다. 하지만 보라, 갑자기 새벽처럼 자연광이 비쳐든다, 우리가 트레킹을 떠나기 전 1년 동안 살았고 지금은 비어 있는 이 방안으로. **종이처럼 고요하다**, 라고 한문 격언은 말한다. 그의 중국 지도는 여전히 벽에 압정으로 고정되어 있다. "아니 그건 너 가져." 우리가 짐을 쌀 때 그가 말했다.

쳉 부인에 관한 부록

쳉 부인에 대해 우리가 지닌 지식은 변변찮다. 그녀는 폭력적인 시대와 불안한 세기를 견뎌냈지만 사적인 글에서 이런 사실을 전혀 언급하지 않았다. 우리는 그녀의 인생이 물방울처럼 벽을 타고 흘러내리는 것을 본다. 기록에 따르면 그녀의 아버지는 판족 출신이었고 어머니는 알려지지 않았다. 쳉 부인이 황궁에서 황제를 모시며 보낸 19년의 세월은 1574년에 추방되면서 막을 내렸다. 추방의 원인은 알려지지 않았다. 그녀는 황제가 임종한 1601년에 중국으로 돌아왔다가 사라졌다고 여겨진다. 대단히 불균등한 교육 때문에 쳉 부인은 하데스 황궁에서의 고도로 문학적인 삶에 적응할 능력을 기를 수 없었다. 인상적이지 않다고 판단된 그녀 자신의 글은 대부분 보존되지 않았다. 하지만 그녀가 제작한 지도는 비전문가와 학자 모두의 관심을 받았는데, 1553년에 타오허로 떠난 유쾌한 여행을 기록한 두루마리가 특히 그러했다. 그 지도들은 더이상 현존하지 않는다; 학자들은 그것들이 그 지역에 대한 지형학적 정보원情報源으로서는 쓸모가 없다는 사실을 재빨리 지적했다. 중국 지형에 놀랄 만큼 무지했던 쳉 부인은 자신이 방문한 장소들에 대해 중대한 실수를 저질렀다. 사실 남아 있는 지도의 목록과 그것에 동반된 제사題詞로 판단했을 때 객관적 조건에 대한 쳉 부인의 관심은 변덕스러웠다. 당신은 뇌우의 번갯불로 지도를 읽을 수 있는가? 먹을 가까이하는 사람은 불타오른다, 라고 한문 격언은 말한다.

지도 (타오허 트레킹) 1553년

1. 수도와 수도 인근 지역
2. 십자포화 지역
3. 비취옥 언덕
4. 경계 지방
5. 쳉 농장
6. 달맞이 장소(평범한 곳)
7. 송어 연못
8. 연못으로 가는 파묻힌 길
9. 자치주(타오)
10. 자유 지역
11. 홍수 저수지
12. 구역 경계선(80번)
13. 미확인 지역 경계선
14. 현재 국경
15. 선택된 사막
16. 예전 비단 교역로
17. 천상의 거울 사원
18. 수량 조절 단지
19. 부싯돌 언덕
20. 악마의 다리

21. 빙하 벌판과 영구 동토 지역
22. 열 개의 심장 수도원
23. 해안 도로
24. 망루
25. 굴(입구)
26. 봄 수도원
27. 악마 진압자의 산
28. 우리가 새들을 본 곳
29. 천상의 언덕
30. 붐비는 곳
31. 옛 국경
32. 살과 피의 다리
33. 싱 저수지
34. 불타버린 땅
35. 쾌락 장벽의 사원
36. 옛 경작지(오이)
37. 요새
38. 감방(알려지지 않은 구역)
39. 우물
40. 고원
41. 세번째 고지
42. 새 경작지(양파)

43. 온실(황실 소유)

44. 타오 행정구역 내의 외국인 구역

45. 물가

46. 온천

47. 방어용 말뚝

48. 찻집(진입로)

49. 찻집(평면도)

50. 자물쇠가 달린 통행료 징수소

51. 검조기檢潮器

52. 염전과 가마

53. 도둑맞은 호수(진입로 생략)

54. 심판관의 문

55. 느린 웅덩이

56. 옛 수도

57. 곧은길

58. 정당한 눈물의 다리

59. 곧은길에서의 여행자 쉼터

60. 행운의 의식 언덕

61. 타오허 유역 전체(일정한 비율로)

62. 달맞이 장소(평범하지 않은 곳)

63. 세관

64. 섬

65. 이상한 짝짓기 사당
66. 우리가 텐트 두 개를 잃어버린 곳(불)
67. 거대한 벽

제사

제사들 가운데 온전히 살아남은 것은 하나뿐이며, 그와 더불어 나중에 한 학자가 방언 문제를 다루며 인용한 몇몇 단편이 살아남았다. 번역은 직역이다.

천국과 지옥은 서로의 환영이다 새벽에 뻣뻣한 무릎을 펴는 우리 둘은 함께 악마들을 비웃을 수 있는가?

(지도 31)

그녀는 호수 위로 반듯이 누워

찰칵

소원을 들어주는 보석:
'물의 가장자리' 서문

Brother: (명사) 한패, 친형제, 남동생, 동료, 동년배, 동포, 동지, 수도사, 친척, 형제자매, 마음이 맞는 사람, 쌍둥이 형제. CLERGY, FRIEND, KINSHIP을 참고할 것.

—『로제 유의어 사전』

한번은 오빠가 석영 한 조각을 보여주면서, 어떤 석영에는 이 세상의 모든 바다보다 더 오래된 물이 갇혀 있다고 말했다. 오빠는 그것을 내 귓가로 들어올렸다. "들어봐." 오빠가 말했다. "달아나지 않는 생명."

   이것은 그 당시 오빠가 가장 좋아한 표현이었다. 오빠는 무술을 배우려고 고등학교를 중퇴했고, 오빠의 사부님은 한자어 기氣를 번역하면서 "달아나지 않는 생명"이라고 말하길 좋아했는데, 기는 '숨'이나 '에너지'를 뜻하며 훌륭한 발차기의 바탕이 되는 것이다. 오빠와 함께 호숫가에 있던 때가 기억난다, 해질녘이었고, 수평선 위로 소방선 같은 구름들이 늘어서 있었다. 오빠는 산 동작/

바다 동작을 연습하고 있었다. "곳곳에 스며 있지만 보이지는 않고, 물리적이지만 물체는 아니야." 오빠의 왼발이 내 머리를 휙 스쳐지나갔다. "기는 물과 같다고 사부님은 말씀하셔, 우리는 물위에 떠 있고 수위가 적당하면 만물이 헤엄을 치지." 오빠의 오른발이 허공을 갈기갈기 찢었다. "그 사실을 마음에 새겨둬, 네게는 소원을 들어주는 보석이 생긴 거야." 11월의 바람 속에서 그곳에 앉아 있자니 추웠지만, 나는 오빠와 함께 있는 게 좋았다. 우리는 함께 많은 어려움을 이겨냈었다. 오빠가 어린 시절 내내 나를 증오했던 것은 사실이다—오빠는 그게 나의 못생긴 외모 때문이라고 간단히 설명했는데, 충분히 이치에 맞는 말인 듯했다. 하지만 열네 살 무렵에 증오는 뜻밖에도 휴전의 시기를 맞이하게 되었는데, 아마도 내가 학교에서 오빠를 따라잡고 사근사근하게 굴며 오빠의 숙제를 대신 해주었기 때문인지도 모른다. 이유야 알 게 뭔가. 내 인생에도 태양이 떠올랐다. 그해 겨울 우리는 오빠의 트럭을 타고 시내를 돌아다니면서 라디오를 듣고 아빠나 섹스에 관해 이야기하며 많은 시간을 함께 보냈다. 음, 이야기는 물론 오빠의 몫이었다.

오빠가 들려준 이야기는 죄다 불운과 관련된 것이었다. 헤드라이트가 박살난 일, 퇴학당한 일, 오빠의 여자친구가 임신했다고 생각한 일, 해변에서 벌거벗고 차를 몰다가 경찰에게 체포된 일 등은 오빠의 잘못이 아니었다. 하지만 오빠는 행운이 임박했다고 느꼈다. 오빠는 행복으로 가는 도중이었고, 그것을 어디에서 찾을지 알고 있었다. 오빠는 자신이 가까이 있다는 걸 알았다. 아주 가까이. 오빠의 말을 듣는 동안 내 안에서 슬픔이 시작되었는데, 나는 지금까지도 그 슬픔을 완전히 내려놓지 못했다. 그럼에도 오빠가 나를 똑똑하게 여기고 매사에 나의 의견을 물었다는 사실은 나를 기쁘게 했다. 오빠는 나를 '교수님'이라고 불렀고 내게 크리스마스 선물로 호화로운 장정의 2권짜리 『로제 유의어 사전』을 줬다. 그 책은 지금도 내 곁에 있다, 적어도 1권은. 오빠는 끝내 2권을 줄 시간을 내지 못했다.

어떤 이유에서인지 오빠는 나를 믿었다. "걔는 유명해질 거예요." 한번은 오빠가 어머니에게 말했다. 나는 오빠가 사라지고 나서야 어머니에게서 이 이야기를 전해들었다. 오빠가 사라진 건 늦봄의 일이었는데, 부분적으로는 경찰 때문이었고 부분적으로는 아버지 때문이었다ー이유가 뭐였건 이제는 중요하지 않다. 점점 더 먼 곳에서, 버몬트주, 벨기에, 크레타섬에서, 긴 시차를 두고 집으로 엽서가 도착했다. 발신인 주소는 없었다. 그러고는 떠난 지 3년쯤 되던 어느 날 아주 이른 아침, 오빠가 코펜하겐에서 전화를 걸었다(수신자 요금 부담으로). 나는 차가운 리놀륨 바닥에 서서 패딩을 두른 듯한 오빠처럼 들리는 목소리에 귀를 기울였다. 그 목소리에는 궁핍함과 원한이 켜켜이 쌓여 있었다. 오빠는 싸움에 휘말렸다가 앞니가 부러져서 치과 진료비로 큰돈이 필요했다. 오빠는 내게 돈을 보내달라고 부탁했고 아빠한테는 말하지 말라고 했다. 오빠가 전화를 끊은 후 수화기를 쥐고 있던 손을 놓기까지 얼마간 시간이 걸렸다.

돈을 송금한 후 코펜하겐에서 엽서가 도착했다. 오빠는 동쪽으로, 중국으로 향해 가고 있었다. 파리에서 엽서가 도착하더니 마르세유에서 엽서가 도착했다―나는 그 엽서를 기억하는데, 그날은 오빠의 생일이었고 그래서 오빠는 바에서 모두에게 술을 샀다고 했다. 이스라엘에서 보내온 엽서는 좀더 슬펐다. 고아에서 보내온 엽서는 열기와 먼지와 늦어진 우기에 대해 언급하고 있었다. 그러고는 더이상 카드가 도착하지 않았다.

나는 오빠가 결국 중국에 이르렀으리라고 생각하지 않는다. 그래서 나는 오빠에게 소원을 들어주는 보석을 만들어주었다.

물의 가장자리:
오빠의 수영에 대한 에세이

금요일 오전 4시 수영하지 않음.

아무런 움직임도 없는 검은 밤. 덤불. 수영하는 사람이 창가에 서 있다. 오리들은 물가에 깨어 있다.

금요일 오후 4시 수영함.

늦은 오후 호수에는 그림자가 드리워져 있다. 그곳에 찾아오는 갑작스러운 호사로움, 꽃잎을 벌리는 암녹색 얼음 제라늄처럼 아래에서 차가운 샘물이 마구 솟아올라 수영하는 사람의 몸을 감싼다. 그의 얼굴 앞으로 거대한 대리석 손이 떠간다. 그는 그것들이 그를 지나 붉은 줄기가 먼지 속에 떠 있는 더 낮은 물 쪽으로 흘러가는 것을 지켜본다. 갑작스레 훅 끼쳐오는 희미한 물고기 냄새. 이곳엔 잠이 없어, 완전히 고요하고 면도날 같은 유리의 어둑함 사이로 재빨리 헤엄치며 수영하는 사람은 생각한다. 완전히 깨어 있는 한 방울의 물.

토요일 오전 6시 30분 수영함.

새벽에 맺힌, 호수 위에 걸린 진주처럼 차가운 작은 이슬. 물은 어둡고, 아무런 움직임도 없는 왕국의 모습으로 기다리고 있다. 수영하는 사람이 이상하고 하얀 손들의 움직임을 따라 앞으로 나아가는 동안 그의 앞으로 비스듬히 빛줄기가 이어진다. 아래로 금빛 가로대가 미끄러지듯 지나가고, 밑바닥에서 기둥 같은 자세로 붉은 수초가 몸을 흔든다. 수영하는 사람이 헤엄쳐서 들어가는 지혜의 느린 무아지경 상태는 얼마나 느린지.

토요일 오전 9시 수영함.

수영하는 사람이 물가의 수련 사이를 돌아다닌다. 각각의 수련은 냄새가 다르다(오렌지, 꿀, 우유, 부패물, 정향, 동전), 사람이 그러하듯. 그는 꽃받침에 차례로 코를 갖다 대고 있다, 짜집기 바늘[1]이라고 불리는 종의 곤충이 그의 속눈썹으로 노를 저어올 때 그 꽃받침들이 그를 위해 싸워줄지 궁금해하며. 라이벌 구혼자. 수영하는 사람이

---

1 darning needle. '잠자리'를 달리 부르는 말.

뒤로 물을 저으며 육중하게, 수중 궁궐을 헤치며 나아간다, 신부들이 가느다란 다리의 놀라운 붉은 깃털을 눈에 보이는 비밀처럼 흔드는 그곳을. 출입구를 지날 때마다 물은 그에게 즐거움을 올려 태운다. 노출된 채. 그가 헤엄쳐간다.

일요일 오전 8시 수영함.

홍수처럼 쏟아지는 일요일의 뜨거운 빛이 호수의 검은 유리 위를 두드린다. 수영하는 사람은 자신을 받아들여주는 어둑한 수중 왕국 아래로 달아나서 기쁘다. 조용히. 왕국의 단 한 차례, 거대한 금빛 끄덕임. 또 누가 나를 알아주었던가? 수영하는 사람은 생각한다. 결혼반지를 낀 손이 부유하다 그의 얼굴을 지나 사라진다. 아무도.

목요일 오후 12시 수영함.

정오의 물은 수영하는 사람이 뛰어들어가서 찌는 듯이 더운 공기로부터 쏜살같이 도망칠 수 있는 시원한 그릇이다. 그는 몸을 일직선으로 뻗고 얼굴을 수면 아래로 향한 채 호수 밑바닥을 응시하며 앞으로 나아간다. 오래되고 아름다운 그림자들이 그곳을 따라 한결같이 흔들리고 있다. 그는 몸을 비스듬히 세우고 하늘을 올려다본다. 오래되고 아름다운 구름들이 그곳을 따라 한결같이 흔들리고 있다. 수영하는 사람은 대칭에 대해 생각하다가 몸을 돌려 배영하며 하늘을 응시한다. 그런 것에 대해―그가 다시 몸을 돌린다―이를테면 어느 쪽이 위쪽인지에 대해 우리가 완전히 잘못 알고 있을 수도 있는 걸까? 위쪽 높은 곳에서 그는 구름이 그의 등을 바라보며 그가 자기 쪽으로 떨어지길 기다리는 것을 느낀다.

목요일 오후 5시 수영함.

수영하는 사람이 낮의 열기 속에서 빠져나와 수천 번의 저녁, 수천 번의 8월, 수천 번의 인간의 잠을 향해 깊어지고 서늘해지는 빛의 황금 욕조 속으로 들어간다. 그는 레오나르도[2]의 그림 〈암굴의 성모〉에서 그녀의 얼굴을 내리덮는 빛을 생각하고 있다. 언젠가 그는 물가에서 무릎을 꿇고 있는 그녀의 모습을 보았다. 이제 그는 차가운 바

---

[2] 이탈리아 르네상스 시대의 화가, 건축가, 조각가인 레오나르도 다빈치.

위색 호수를 가르며 물속으로 달려든다. 밑바닥의 이랑이 진 진흙 위로 광륜이 어른거린다. 그가 광륜 하나를 붙잡고자 물속으로 뛰어든다. 내가 당신에 대한 깊은 유대감을 잊기라도 한다면.

월요일 오전 5시 30분 수영함.

파란 복숭아가 새벽의 구름에서 호수 위로 떠내려오고 있다. 수영하는 사람은 긴 오팔 다리 아래로 레오타드를 벗는 무용수처럼 물을 가른다. 그가 빛이 들지 않는 심연을 가르며 움직이는 그곳은 음울하다―가솔린 냄새가 그를 멈춰 세우고 주위를 돌아보게 한다. 작고 조용한 노 젓는 배 한 척이 지나간다, 낚시 모자를 쓴 여자 두 명이 그를 자세히 살펴본다. 나이든 발레리나들, 그는 갑자기 결심하고는 물속으로 뛰어들어 시야에서 사라진다.

월요일 오후 12시 수영함.

정오의 어둠이 육중한 발소리를 내며 호수 위를 걷는다. 물은 그의 피부를 물들일 수 있을 만큼 검게 느껴진다. 차가운 수압. 수면에 이상한 초록빛이 어린다. 수영하는 사람은 릴케의 문장을 기억해내려 애쓰고 있다, 뇌우가 몰려오는 가운데 화자가 뚫고 나가는 세상에 관한—³

월요일 오후 6시 수영함.

비가 계속 이어진다. 먼 곳의 언덕은 그 앞에 하얗게 떠 있는 아주 오래된 안개로 총銃 색깔을 띠고 있다. 한기가 드는 와중에 열심히 집중하며 수영하는 사람은 수면 바로 아래에서 몸을 움직인다, 빗방울 하나하나가 수면을 때리고 튀어오르는 모습을 지켜보면서. 핑. 물위의 물. 그는 자신이 중세 모테트⁴의 목소리가 되면, 노래하는 사람이 아니라 목소리 자체가 되면, 그래서 그 목소리 주위로 모든 종류의 술이 비처럼 내리고 내리지 않으면 어떤 기분일지 궁금해하고 있다. 핑. 혹은 고대 은둔자의 품에 안긴 차가운 버드나무 소녀가 되면 어떤 기분일지. 그의 머리 위 높은 곳, 하늘 꼭대기에서 피부 안쪽에 난 상처 같

---

3   오스트리아 시인 라이너 마리아 릴케의 시 「바라보는 자(Der Schauende)」를 가리키는 것으로 추정된다.
4   성경 구절에 선율을 붙인 반주 없는 성악곡.

은 피 구름이 모여들고 있다.

월요일 오후 10시 수영하지 않음.

수영하는 사람은 창가에 서서 칠흑같이 어둡게 펼쳐진 바람 너머 호수 쪽을 내다본다. 그는 같은 침대에서 잠든 사람처럼 호수가 몸을 뒤척이는 것을 느낄 수 있다. 호수가 꾸는 꿈들 사이의 연결고리를 바람이 하나하나 만지는 소리를 들을 수 있다. 호수는 무슨 꿈을 꾸나? 핑.

금요일 오전 4시 수영하지 않음.

응시. 호수는 검은 입속의 은빛 혀처럼 놓여 있다.

금요일 오전 8시 수영함.

폭풍이 걷혔다. 눈부신 금빛 바람은 앞으로 돌진하려는 수영하는 사람의 얼굴 위로 거센 물결을 때려눕히고, 그는 물마루 사이의 골로 들어가려 애쓰지만 대각선이 자리를 바꾸며 그를 조롱한다. 수면은 짙은 남색이고 바람으로 골이 져 있다. 반점 같은 하얀 거품들이 물결을 따라 광적으로 오르내린다. 그것에는 집에서 전화벨이 울리기라도 하듯 긴급한 느낌이 있다. 하지만 집에는 전화기가 없다.

금요일 오후 6시 수영함.

검푸른 바람이 석양을 집으로 돌려보내고 있다. 수영하는 사람은 그의 겨드랑이 아래로 물가를 힐끗 쳐다보고, 그곳에서는 포플러나무들이 빛으로 맹렬히 타오르며 바람에 잎을 은빛으로 떨구고 있다. 팔을 한번 저을 때마다 수영하는 사람은 이 소음을 수면 아래의 침묵과 맞바꾼다, 굶주림과 단조로움과 공허한 파고듦으로 이루어진 그의 미끄러지는 초록빛 왕국의 침묵으로. 이 금고를 여는 것은 누군가의 아버지나 형제나 아내가 결정할 문제가 아니다. 그 자신이 결정할 문제다.

수요일 오전 8시 30분 수영함.

작고 하얀 안개더미들이 호수의 정적인 수면 위를 급히 지나고 있다. 왜 내가 더이상 꿈을 꾸지 않는 건지 모르겠어, 수영하는 사람이 진녹색 유리 속으로 몸을 밀어넣으며 생각한다. 그가 꿈을 많이 꾸곤 하던 시절이 있었다. 이제 밤은 텅 비었다, 그가 일어나서 호수를 바라보는 막간을 제외하면. 그러고서 그는 등뒤에서 고양이가 깨어나 빛나는 눈으로 그를 관찰하는 것을 느낀다. 고개를 들지 않은 채. 녀석은 아주 나이 많은 고양이이고(그의 형이 준 선물) 죽어가고 있는 듯 보인다. 둘 다 다시 잠들기 전에 그는 꿀을 몇 방울 녹인 물을 찻잔에 담아 고양이에게 준다. 요즘 녀석은 고형 음식물을 조금밖에 먹지 않지만, 중얼거림과 작은 몸부림으로 판단하건대 밤에 꿈은 잘 꾸는 것 같다. 어떤 까닭 모를 갈망과 숨겨진 두려움이 네 안에서 불타듯 헤엄치고 있는 거니? 어둠 속 침대에서 몸을 기울여 작은 털 뭉치 몸을 쳐다보며 그는 궁금해한다. 생리학자들이 살아 있는 뇌에 대해 아는 거의 모든 것은 잠든 고양이에게서 알아낸 것이다. 잠들어 있든 깨어 있든, 고양이의 뇌는 구조적으로 인간의 뇌를 가장 많이 닮았다. 충격이 외부에서 가해지든 내부에서 가해지든 고양이의 뉴런은 인간의 뉴런만큼이나 강렬히 불타오른다. 가볍게, 가볍게 그는 녀석의 머리를 만져준다, 오래된 피부를 통해 고통받는 뼈가 떠오르는 부분을. 그의 손가락으로 은은한 빛이 들어온다, 마치 녀석이 꿈꾸는 진주라도 되는 것처럼.

수요일 오후 5시 45분 수영함.

호수는 서늘하고, 부주의한 바람에 잔물결을 일으킨다. 수영하는 사람은 수중에 비스듬히 비치는 저녁노을의 푸르스름한 어둠을 가르며 육중하게 움직이면서 자신의 따분한 인생에 대해 생각한다. 왜 그 사실이 신경쓰이지 않는지 궁금해하면서. 그 사실은 돌아가신 그의 아버지, 고국을 떠난 그의 형, 재혼한 그의 아내를 포함한 다른 모두를 신경쓰이게 했다. "뭔가 해보지 그래?" 그들은 말하곤 했다. "누군가에게 전화를 걸든지? 폰스는 어때? 예브게니는? 이제 그림은 그리지 않는 거야?" 수영하는 사람은 통이 넓은 금빛 반바지 같은 정오의 태양 아래 파란 허벅다리처럼 놓여 있는 호수를 힐끗 내다보며 대답하길 잊곤 했다. 오직 고양이만이 사건이 결여된 그의 인생에 이의를 제기하지 않는다. 쳐다볼 게 아무것도 없으면, 녀석은 아무것도 쳐다보지 않는다. 어쩌면 나는 저 고양이가 꾸는 꿈인지도 몰라, 수영하는 사람은 생각한다, 수면을 가르며.

월요일 오전 5시 수영하지 않음.

창가에서 쳐다본다. 완전히 새것일 때 발레 슈즈는 이와 똑같은 분홍빛과 은빛 광택이 난다, 새벽 직전에 술처럼 드리운 잎 속에서 깊게 반짝이는 호수처럼. 고양이가 몸을 움직이며 끙끙거린다. 녀석의 꾹 닫힌 눈 뒤로 수백만 개의 뉴런이 시각 피질을 가로지르며 불타오르고 있다. 수영하는 사람이 몸을 숙인다. 고양이의 살짝 벌어진 입에서 갈망이 낮게 바스락거리는 소리가 작아진다. 신경생리학자들은 꿈이 뇌간, 그러니까 척추 위에 자리하며 체온이나 식욕 같은 원초적 기능도 조절하는 밤의 상자에서 시작된다고 생각한다. 수영하는 사람은 그 원초적 호수의 조용하고 검은 물속으로 뛰어드는 상상을 해본다. 그의 머리 위에서 찌릿한 불길이 번쩍이다 사그라든다. 추위가 그를 물들인다. 갑자기 그는 익사할지 말지는 그에게 달린 문제가 아님을 깨닫는다. 혹은 익사하는 이유도.

금요일 오전 4시 수영하지 않음.

호수는 폭이 좁은 하얀 연무이고, 잎으로 이루어진 어두운 그릇 속에서 잠든 얼굴처럼 고요하다. 위에는 별이 하나 걸려 있다. 거기서 은빛이 수영하는 사람의 눈으로 곧장 떨어진다. 그는 떨어진 잔가지더미처럼 침대에 잠들어 있는 고양이를 힐끗 쳐다본다. 다시 호수를 돌아본다.

금요일 오전 4시 20분 수영함.

흠뻑 젖은 풀 사이를 지나 물가로 다가가면서 그는 안개가 걷히는 것을 본다. 그는 걸음을 멈춘다. 파래지는 공기 속에서 그 앞에 모습을 드러낸 것은 거의 그만큼이나 키가 큰 킹피셔 왜가리다. 녀석은 호수 쪽을 응시하고 있다. 수영하는 사람이 숨을 멈추고 지켜보는 동안 킹피셔는 붉은 다리를 진지하게 하나씩 옮기며 넘어질 듯 앞으로 나아가더니 갑자기 낮은 자세를 취하고서 단 한 차례 깊은 생각에 잠긴 동작을 보이며 안개 속 구멍 사이로 사라진다. 구멍이 닫힌다. 수영하는 사람은 잠시 서 있다가 몸을 담그고는 호수의 검푸른 거울 속으로 들어간다, 붉은 다리와 균형과 사람들이 사랑을 사용하는 방식에 대한 기억을 찾기 위해.

토요일 오전 8시 수영하지 않음.

말문이 막히는 형을 선고받고 박탈당한 채. 소크라테스처럼 내면에서 들려오는 법의 목소리들에 시달린 채, 수영하는 사람은 바람 속에서 엉뚱한 쪽 날개가 펄럭거렸다고 느끼며 갑자기 잠에서 깨어난다. 아침 햇살이 그의 눈을 정면으로 때리고 있다. 그가 누워 있는 곳에서 호수는 금빛 평면처럼 보인다. 누더기 같은 하얀 구름을 그것들이 속한 하늘의 자리로 밀어내는 토요일의 근면한 푸른 바람. 고양이는 사라졌다.

토요일 오후 1시 수영하지 않음.

구름의 하얀 눈꺼풀이 호수 위로 감겼다. 수영하는 사람은 물가에 서서 수면이 검게 변하며 움직이기 시작하는 것을 지켜본다. 이쪽저쪽에서 시작된 작은 바람이 도착한다. 뒤에서부터 무언가가 공기에 실리고 있다. 수영하는 사람은 벼락을 맞으면 어떻게 될지 궁금해한다. 고양이 밥은 누가 줄 것인가? 아내는 장례식에 올까? 정신 차리자, 그는 생각한다, 하지만 심지어 어린 시절에도 그는 토요일이 우울하다고, 다른 요일과 달리 너무 많은 게 침투한다고 느꼈다. 그는 고양이가 어디로 갔는지 궁금해한다.

토요일 오후 3시 수영하지 않음.

아직 폭풍은 찾아오지 않았다. 공기는 압력이 높아졌고 갓 자른 화강암 색깔이다. 검은 호수의 수면이 움직이고 있다, 계속 움직인다, 조금씩, 전면적으로. 마치 깊은 물 아래 있는 어떤 시계들이 환락의 순간을 위한 상태가 될 때까지 천천히 감기고 있기라도 하듯. 그녀와 내가 함께 늙어갈 수 있게. 수영하는 사람은 돌아서서 다시 집을 향해 올라간다.

토요일 오후 5시 수영하지 않음.

폭풍은 찾아오지 않았다. 물이 응시한다.

목요일 오전 7시 30분 수영함.

아무런 움직임도 없는 하얀 안개와 끊임없이 내리는 비의 장막. 맞은편 호숫가에서 유령처럼 모습을 드러내는 중세 도시. 수영하는 사람은 물가에 서서 듣는다, 그의 귀가 백색으로 차오르고 시간의 눈금이 거꾸로 한 칸 미끄러지는 것을 느낀다. 그는 물속으로 들어가서 헤엄치기 시작하며 손놀림으로 물결을 탈 수 있게 물의 검은 가슴 사이로 들어간다. 호숫가가 지나간다. 산이 시야에 들어온다. 겨드랑이 아래로 계속 힐끗 쳐다보며 수영하는 사람은 이 미지의 산을 살펴본다. 그는 거대하고 파란 소나무와 흠뻑 젖은 바위와 허공에 걸려 질질 끌려가는 안개의 하얀 내장을 본다. 뿌리 사이로 작은 불이 보인다. 이 불 옆에서 어떤 이상하고 완전히 단순한 영혼이 어깨 쪽으로 목을 끌어당긴 채 망을 보고 있다. 종이로 된 겉옷의 젖꼭지 부위가 거무스름하다. 마로니에 열매를 구워서 그 옆의 통나무 위에 웅크리고 있는 무언가에게 먹이고 있다. 수영하는 사람이 집으로 돌아오자 고양이가 침대 발치에 드러누워 있다. 녀석의 젖은 털에서 극도로 불쾌한 냄새가 난다.

월요일 오후 4시 30분 수영함.

회색빛에서 암담함이 스며나와 회색 물 위를 배회한다. 차가운 잔물결이 연달아 호숫가 쪽으로 인다. 언덕 위 어딘가에서 체인톱이 공기를 물어뜯다가 멈춘다. 침묵이 찰랑이며 돌아온다. 아이처럼 떨면서 수영하는 사람이 물살을 헤치며 물속으로 들어간다. 어린 시절은 어떤 면에서 나쁘지 않지, 그는 생각한다. 커다란 타월을 들고 있다가 우리가 밖으로 나오면 감싸줄 누군가가 있다는 건 나쁘지 않은 일이야. 호숫가를 따라 힘차게 나아가는 동안 회색 물결이 그의 얼굴을 찰싹 때리고, 수영하는 사람은 커다란 타월을 내밀어 그것으로 그를 감싸주며 "최선을 다해라, 최선을 다해"라고 살짝 거칠게 중얼거리는 아버지를 생각한다. 호수의 바람이 그들을 휙 후려친다.

금요일 오전 8시 45분 수영함.

호수는 차가운 납판이다. 구름과 나무는 슬퍼졌거나 어두워 보인다. 하지만 수면 아래 어딘가에서는 기묘한 녹청색 빛이 스며오고 있다. 수영하는 사람은 때 이른 성수태고지처럼 신비롭게 밝혀진 방들을 지나 헤엄쳐간다. 사방에서 고요함이 돌진해온다. 그것은 깨어 있다. 그것은 그를 알고 있으며 아무것도 신경쓰지 않는다—그렇지만 알려진다는 것은 아무것도 아닌 게 아니다. 때때로 고양이가 시선을 들어 구멍 같은 두 눈으로 갑자기 쳐다보며 그를 꼼짝 못하게 할 것이다. 우리가 사는 세상은 불타오르는 집이야, 두 눈은 말한다. 수영하는 사람은 더 깊이 미끄러져들어가며 충만함과 텅 빔의 차이에 대해 생각한다. 객석에 앉아서 아내가 춤추는 걸 바라보다가 그녀의 시선이 그에게 머문 적이 몇 번 있었다—텅 빈 시선이. 그는 그녀의 머릿속을 꿰뚫어보았다. 모딜리아니[5]는 홍채를 지워버리곤 했는데, 그에게는 그게 너무 친밀해 보였기 때문이다.

금요일 오후 10시 수영하지 않음.

호수의 움직이지 않은 검은 몸 위로 달이 생명의 금빛 꿈을 꾸고 있다, 마치 이 세상에 자기 혼자뿐인 것처럼, 그리고 꿈꾸는 자 가운데 그렇지 않은 자가 누가 있겠나?

---

[5] 이탈리아의 화가인 아메데오 모딜리아니. 가까운 사이였던 인물 외에는 눈동자를 그리지 않은 것으로 유명하다.

일요일 오후 10시 30분 수영하지 않음.

  프로이트는 민물 게를 지켜보며 꿈에 대해 배웠는데, 그가 보기에 그 게들은 경련을 숨기려 애쓰고 있었다. 수영하는 사람은 고양이 귀 앞쪽의 털이 벗겨진 부위를 그 어느 때보다 더 가볍게 만진다. "왜냐하면 누군가는 지켜봐야 하고," 그가 속삭인다. 이제 고양이는 바깥을 내다보고 있다, 두 눈의 아주 먼 뒤쪽에서, 모든 게 천천히 달아나고 있는 거대한 방에서. 반면에 죽음은, 그래 충분히 은밀하게, 아무도 무시하지 않으며 절대 잠들지 않는다. 수영하는 사람의 눈물이 그의 손을 타고 흘러내려 이제는 잠잠해진 털이 벗겨진 부위에 떨어진다. "누군가는 잠들어야만 하니까." 고양이의 영혼은 언젠가는 죽을 운명이다. 그것은 최선을 다한다.

옮긴이의 말

황유원

목마름으로 떠나는 물의 여행

『플레인워터: 에세이와 시』는 『유리, 아이러니 그리고 신』과 같은 해인 1995년에 출간된 작품으로, 굳이 초판일 기준으로 따지자면 앤 카슨의 두번째 시집이라고 할 수 있다(전자는 7월, 후자는 11월에 출간되었다). 비슷한 시기에 쓰인 글들의 묶음인 만큼 두 책의 성격은 여러 면에서 매우 유사하다. 두 경우 모두 고전과 현대의 만남이라는 앤 카슨 특유의 스타일이 전면에 잘 드러나고, 에세이는 논문이나 일기, 여행기, 픽션 등의 형식을 취하고 있지만 차라리 시에 가까워 보이며, 게다가 『플레인워터』의 「안나 디 카니쿨라」는 『유리, 아이러니 그리고 신』의 「로마의 몰락: 여행자 가이드」와 하나의 짝처럼 느껴질 만큼 높은 유사성을 지닌다. 차이가 있다면 『플레인워터』는 작품마다 서문이나 후기를 삽입해서 최소한의 형식적 통일성을 꾀했다는 점을 들 수 있겠다.

『플레인워터』를 『유리, 아이러니 그리고 신』과 구분해주는 이러한 형식적 특성은 제목에서도 명확히 드러나는데, 『유리, 아이러니 그리고 신』이 서로 무관해 보이는 세 단어 혹은 키워드(물론 키워드처럼 제시되긴 했지만, 이는 독서의 길잡이라기보다는 길을 미로로 만드는 수단에 더 가깝다)의 나열이었던 것과 달리, 『플레인워터』는 훨씬 단순하게 그저 한 단어로만 이루어져 있다. 즉, '아무것도 섞이지 않은 물'인 '그냥 물'을 뜻하는 '플레인워터'.

단일 작품이 아니라 여러 작품을 엮은 모음집에 앤 카슨이 제목을 붙이는 방식은 늘 흥미롭다. 왜냐하면 그의 작품들은 한자리에 모아두어도 곧장 서로를 튕겨내버릴 것처럼 다채롭기 때문이다. 그러니까 가장자리의 모양이 다른 그것들은 억지로 모아도 모이지 않는다. 이런 모음집에 제목을 붙이는 일이란 모아도 모이지 않는 것들을 모으는 주문을 읊조리는 일과도 같다. 이를테면 가장 최근 작품집인 『잘못된 노마 Wrong Norma』에 대해 카슨은 이렇게 말했다.

『잘못된 노마』는 서로 다른 것들, 이를테면 조지프 콘래

드, 관타나모, 플로베르, 눈雪, 가난, 『로제 유의어 사전』, 나의 아빠, 토요일 밤 등에 대한 글을 모은 책이다. 이 글들은 서로 아무런 관련이 없다. 그런 까닭에 나는 그 글들을 '잘못된' 것이라고 불렀다.

영화 〈선셋 대로〉에 등장하는 '노마' 데스몬드, '규범'을 뜻하는 라틴어 '노르마'뿐만 아니라 『잘못된 노마』에 앞서 출간된 『트로이의 노마 진 베이커』의 '노마'('노마 진'은 배우 마릴린 먼로의 본명이다)도 떠올리게 한다는 점에서 애초에 'Norma'라는 단어 자체가 서로 아무런 관련이 없는 것들의 모음이라는 사실은 말할 것도 없다.

그렇다면 '잘못된'이라는 형용사가 붙지 않은 『플레인워터』 속 작품들은 서로 관련성을 지니는가? 이를테면 제목이 말해주듯 '물'이라는 주제로 서로 하나의 물처럼 이어져 흐르는가? 물론 그럴 리 없다. 어찌 보면 '그냥 물'이라는 말 자체가 하나의 함정이다. 투명해서 그 안에 아무것도 없을 것 같은 물은, 실은 온갖 불순물로 구성되어 있다. 너무 작아서 우리 눈에 보이지 않을 뿐. 『플레인워터』가 품고 있는 것들도 마찬가지로 매우 미묘해서 직접적으로 그 모습을 드러내지 않는다. 때로 차라리 물에 비친 환영에 가깝게 느껴질 만큼.

또한 물은 단단한 지면과는 대비되는 성질을 지닌다.

그것은 모든 것에 스미되 얼어붙지 않는 한 그 자체로는 그 어떤 단단한 지반도 되어주지 못한다. 의미를 붙잡으려는 독자의 손을, 『플레인워터』는 물처럼 스르르 빠져나가버린다. 카슨이 말하듯, "물은 당신이 붙잡을 수 없는 무언가다".

그리하여 강조되는 것은 늘 포착되는 대상으로서의 대답보다는 질문 그 자체다. "물이 목마름으로 여행을 떠나듯 질문이 대답으로 여행을 떠날 수 있다는 믿음"이 아주 옛날부터 이어져왔지만, 『플레인워터』에 실린 모든 글은 대답보다는 질문으로 넘쳐난다. 중요한 것은 어디까지나 "질문을 제대로 던질 줄 아는" 일이다. "물속의 문門처럼 명백해 보일" 질문을 찾아 그 문을 여는 일.

그러니 서로 이질적이고 한자리에 잘 모이지 않는 이 작품들을 따로 자세히 분석하려는 헛된 시도 대신, 여기서는 앤 카슨의 속임수에 기꺼이 넘어가주며 다만 그 '물길'을 조심스레 따라가보고자 한다.

「밈네르모스: 브레인섹스 그림」의 경우

첫머리에 놓인 작품 「밈네르모스: 브레인섹스 그림」은 고대 그리스 시인 밈네르모스의 시를 번역한 것처럼 보이지만 실은 원문을 바탕으로 새로 쓴 시들, 이에 대한 논문적 성격의 에세이, 그리고 가상의 인터뷰 세 편으로 이루어져 있다. 작가의 이름을 가려도 누구의 작품인지 곧장 알 수 있을 만큼 전형적인 앤 카슨 스타일의 작품이다.

그런데 간혹 등장하는 바다, 눈물, 땀을 제외하면, 이 작품은 '물'과는 별로 관계가 없어 보인다. 하지만 물의 특성 중 하나인 이동성, 즉 스스로 이동하면서도 대상도 이동하게 해주는 성격을 생각해보면 이 작품만큼 물의 성질이 잘 드러나는 작품도 없을 것 같다. 번역을 가장한 창작과 비평, 가상의 인터뷰라는 형식을 통해 과거의 밈네르모스가 현대와 만나게 되는 사건의 배후에는 보이지 않는 물이 면면이 흐르고 있다. 이 물위로 두 세계가 마치 "배를 타고" 이동하듯 서로에게 가서 만난다. 혹은 궁극적으로는 만나지 못한다("I: 저는 당신을 알길 원했습니다 / M: 나는 훨씬 더 많은 걸 원했어요").

또한 「단편 1」에 "그녀 안에서 헤엄치는 건 얼마나 부드러운 일이겠는가 / 남자와 여자의 비밀스러운 수영"이라는 구절이 나온다는 사실에도 주목해야 할 것이다. 여기서 '헤엄/수영 swimming'이라는 단어가 나오는 것은 우연이 아닌데, 그것은 이후 이어지는 에세이의 제사로 인용된 카프카의 문장에도 다시 등장하기 때문이다. 잠시 재인용하자면, "나는 남들처럼 수영할 수 있는데, 다만 그들보다 기억력이 좋기에 예전에는 수영할 줄 몰랐다는 사실을 잊지 않았다. 하지만 그 사실을 잊지 않았기에 내 수영 능력은 아무 소용이 없고 결국 나는 수영도 할 수가 없다".

이처럼 처음 봤을 때는 대수롭지 않게 여길 만한 '헤엄/수영'에 대한 글이 왜 중요한지는 『플레인워터』의 마지막에 가서 드러나게 된다. 『플레인워터』의 끝을 장식하는 글이 바로 '물의 가장자리: 오빠의 수영에 대한 에세이'이기 때문이다. 『플레인워터』는 어떤 의미에서 수영에서 시작해서 수영으로 끝나는 책이다.

「카니쿨라 디 안나」와 「마을들의 삶」의 경우

「카니쿨라 디 안나」에서도 물은 아주 가끔 그 모습을 드러낼 뿐이다. 이를테면 정물화에 살구와 함께 등장하는 "미네랄워터"처럼 거의 숨겨진 방식으로. 그것은 차라리 '후기'에서 말하는 '등뒤에 머무는 시선'에 가까운데, 이처럼 숨겨져 있으면서도 계속 머무는 물은 1번 시에서 "그릴 만한 가치가 있는 얼굴과 / 과거를 지"닌 그림의 대상으로 언급되는 안나를 2번 시에서부터 작품 전면에 주체로 흐르게 한다. 물론 안나는 50번 시에서 비행기 폭파 사고로 갑자기 소멸하고 말지만, 화자는 '후기'에서 이야기를 영원히 이어지게 만든다. 독자/청자에게 "당신이 바랐을 신비롭고 친밀하며 위안을 주는 정보가 아니라, 계속 이어나갈 무언가"를 주기 위해. "어쨌거나, 이야기는 끝나지만 당신은 남은 하루를 계속 살아가야 한다." 화자의 이야기는 끝나도 끝나지 않는다. 아니, 끝나고도 끝날 수가 없다. 이야기는 화자에서 상대방 쪽으로 다시 물처럼 흘러나간다.

해석자로서의 독자가 지닌 입장의 중요성은 「마을들의 삶」에서 더욱 직접적으로 드러난다. '서문'에서 카슨은 "당신이 이 문제에 대해 취하는 입장은 당신과 나를 분리시킬지도 모른다. 그리하여 마을들이 생겨날 것이다. 그러고는 학자들이"라고 말하는데, 이어지는 시들에서 해석적 입장의 차이를 만들어낼 가장 눈에 띄는 요소는 바로 그 독특한 형식이다. 「마을들의 삶」에 수록된 시들은 일반적인 문법을 거스른다. 모든 행이 마침표로 끝나며, (번역본에서는 살려줄 방법이 없었지만) 소문자로 시작되어야 할 행도 모두 대문자로 시작된다. 마침표와 대문자라는 문법적 칼에 의해 말 그대로 모두 '분리된' 행들은 독자가 서로 다른 입장을 취할 가능성을 증폭시킨다. 적어도 이는 독자가 시를 어쩔 수 없이 천천히 읽을 수밖에 없게 만든다. 어쩔 수 없이 천천히 읽으면서 한 마을

이 여러 마을이 되고, 그것들의 삶이 좀더 다변화되기 시작한다.

물론 여기서도 "거꾸로 틀어지는 수도꼭지"나 "우물은 모두 말라버렸는데. / 밑바닥에는 별빛이 누워 있"는 상황처럼 물은 메말라 있는데, 그럼에도 물을 전면에 등장시키는 작품이 있으니, 바로 '물을 건너가는 밧세바 마을'이다. 렘브란트의 그림 속에서 구약성경의 등장인물인 밧세바는 물을 건너면서 "벌거벗음으로 잔물결을 일으키"며 "생각으로부터 우리를 향해. / 여행하는 중이다." 여행과 물의 주제는 이어지는 「물의 인류학」에서 가장 중점적으로 다루어진다.

「물의 인류학」의 경우

마지막 작품이자 앤 카슨의 많은 독자들이 『플레인워터』에서 가장 좋아하는 작품으로 손꼽는 「물의 인류학」은 그 자체로 한 권의 책이자 일종의 수원지라고 할 만큼 다양한 수색水色을 자랑한다. 「물의 인류학」 전체에 붙인 서문 외에 수록된 세 편의 에세이에도 각각 서문이 붙어 있어 형식적으로도 가장 특기할 만하다(그런데 여기서 에세이라고 명명된 작품들은 원래 모두 시로 발표된 바 있다. 이런 의미에서 『플레인워터』의 부제인 '에세이와 시'는 '에세이이자 시'로 읽는 게 더 적절할지도 모르겠다).

아버지의 치매를 다루었다는 점에서 「유리 에세이」를 떠올리게 하는 '목마름: '여러 종류의 물' 서문'에서 화자는 자신이 왜 순례를 떠나게 되었는지 설명한다. "나는 단단히 고정된 사람이었다. 나는 난관에 부딪힌 상태였다. 무언가가 부서져야만 했다." 그런데 많은 평자가 지적하듯 여기서 조금 이상한 점은, 작품 속 화자가 분명 앤 카슨 자신으로 보임에도 불구하고 "나는 딱히 어떤 성별을 지니지 않은 젊고 강하고 인색한 사람이었다"고 말해진다는 사실이다. 심지어 '여러 종류의 물: 콤포스텔라로 가는 길에 대한 에세이'에서는 "이제 어둡고 면도하지 않은unshaven 얼굴로 나는 아침식사 위로 몸을 구부리고 있고, 나의 시드가 내 등뒤로 다가오자 화들짝 놀란다"라고 말해서, 화자가 실은 남자임을, 따라서 둘은 게이 커플임을 암시한다.

2002년 『파리 리뷰』 인터뷰에서 '갑자기 화자가 자신이 젊은 남자임을 내비치는 구절과 만나기 전까지는 화자가 앤 카슨 당신인 줄 알았다'는 인터뷰어의 질문에 카슨은 다음과 같이 대답한다.

> 그렇군요. 네, 아마 그럴 거예요. 그 작품은 한동안 읽지

않았어요. 아마 사실일 거예요. 나는 나 자신을 완전히 여성이라고 느낀 적이 한 번도 없는 것 같은데, 물론 많은 사람들이 그렇겠지만요. 그런데 나는 삶의 서로 다른 시기마다 나 자신을 젠더 스펙트럼에서 서로 다른 지점에 위치시켜왔고, 여러 해 동안, 그 순례를 떠났던 삼십 대 시절 동안 여성이라는 성별과는 전혀 접점이 없었어요. 그렇다고 나 자신을 남자로 느꼈다는 말도 아닌데, 어쨌든 우리가 우리 자신에 대해 말할 때 선택지는 둘뿐이니까요. 우리가 모두 기대어 쉬고 싶어하는 그 '부유하는' 성별을 가리키는 단어는 없잖아요. 앞서 말한 견딜 수 없는 그 시(역주: "나는 견딜 수 없는 존재가 되고 싶다"라는 구절이 등장하는 카슨의 시를 가리킨다)에서 중성이 등장하긴 하지만 그 단어도 정확한 의미를 포착하진 못하는데, 우리는 우리가 중성이라고 느끼는 게 아니라 그저 잘못되었다고 wrong 느끼니까요.

물론 많은 평자들이 지적하듯 '여러 종류의 물'은 우선 사랑과 관계에 관한 이야기이고, 그에 비하면 성별은 그리 중요한 문제가 아닐지도 모른다. 하지만 이런 불확정적인 요소는 이야기에 더 많은 물을 스미게 하고, 일종의 수해를 입어 원래 형태를 잃어가는 이야기는 더 해석하기 어려워지거나 더 다양한 해석을 허용하게 된다. 이야기가 그때그때 기록한 사실적인 여행기처럼 보임에도 실은 과거에 찍은 사진을 보며 진행되는 일종의 불투명한 회고담 형식을 취한다는 사실에 주목해보라. "나는 당신에게 사진을 보여주었지만 (아니, 그랬던가?) 그것은 실물의 근처에도 가지 못한다." 혹은 단순히 그런 사실을 넘어서 "우리가 사진이나 역사적 기록에서 사실을 찾으려 할 때, 사실은 이런저런 방식으로 변형된다." 혹은 한 마디로 말해서 "제대로 찍힌 사진이 한 장도 없다".

이야기에는 제목대로 "여러 종류의 물"이 등장한다. 우리를 익사시키는 물, 폭포 발치에서 쏜살같이 내달리는 물, 손에서 뚝뚝 떨어지는 물, 작은 호텔을 만들어내는 물, 순례자의 물병 속에서 동반자처럼 찰랑대거나 목마른 순례자의 입안으로 들어가는 물, 말라가는 물, 가슴에서 터져나와 우리를 살게 해주는 물, 대상을 비춰주는 물, 음화를 훼손시키는 물 등등. 그리하여 마지막에 화자가 익사체로 떠오를 때, "당신은 내 두 손paws을 붙잡고 내 가슴 위로 교차시킨다: 내가 성스러운 도시를 방문했으며 그곳의 물을, 여러 종류의 물을 맛본 사람이라는 징표로." 여러 종류의 물이 어떤 맛이었는지는 그것을 마신 사람에 따라, 같은 사람이라도 시기와 상황에 따라 다를 것이다.

'여러 종류의 물'에서는 성별이 모호하게 나타난 반면,

'그저 스릴을 위해: 여자와 남자의 차이에 대한 에세이'에서는 제목대로 성별이 아주 분명하게, 때로는 과장되어 나타난다. 이야기 속 화자는 "바람은 나를 노래하게 한다. 내 안의 모든 여자를 생각해보게 한다"라고 말하면서 자신이 여성임을 분명히 한다. 그런데 서문을 보면 이 화자는 '여러 종류의 물' 서문 속 화자와 동일인이 분명해 보인다. 그런데 이어지는 에세이들 속에서 둘은 전혀 다르다. 어찌 된 일일까? 차라리 같은 화자가 두 에세이로 갈라지면서 물이 갈라지듯 완전히 다른 지류支流를 만들어냈다고 말하고 싶을 정도다.

그리하여 작품 속 물이 가장 마지막으로 흘러간 곳은 앤 카슨이 언젠가 오빠와 함께 이야기를 나눈 어느 호수이고, 그 호수에서 이루어지는 주된 행위는 어쩌면 물과 내적으로도 외적으로도 가장 가까운 접촉일 '헤엄'이다.

'소원을 들어주는 보석: '물의 가장자리' 서문'과 '물의 가장자리: 오빠의 수영에 대한 에세이'는 『플레인워터』를 통틀어 가장 몽상적이고도 가슴 아픈 장면들을 보여주는데, 그리하여 '물의 가장자리'에서 가장 마지막으로 등장하는 물은 호수가 아니라 눈물이다. "수영하는 사람의 눈물이 그의 손을 타고 흘러내려 이제는 잠잠해진 털이 벗겨진 부위에 떨어진다. (…) 고양이의 영혼은 언젠가는 죽을 운명이다. 그것은 최선을 다한다".

"수영하는 사람은 잠시 서 있다가 몸을 담그고는 호수의 검푸른 거울 속으로 들어"가는데, 그것은 "사람들이 사랑을 사용하는 방식에 대한 기억을 찾기 위해"서라고 앤 카슨은 썼다. 그렇다면 물의 가장자리에서 오빠를 떠올리며 쓴 이 글은 단순한 애도를 넘어 그가 최선을 다해 "사랑을 사용하는 방식"일 것이다.

 앤 카슨의 모든 작품이 그렇지만, 『플레인워터』는 그 제목 때문에라도 더 멀리 뻗어가고 더 깊이 스미는 작품이다. 그것이 작가의 의도인지는 모르겠으나, 어쨌든 '플레인워터'라는 제목으로 작품들을 한자리에 '가둬두려는' 시도는, 거꾸로 이 작품들이 원래 가둬지지 않는다는 사실을 거듭 상기시킨다. 말하자면 여기 묶인 이 작품들은 하나같이 물이 샌다. 독자가 그 열린 물길 속으로 더 많이 헤엄쳐 들어가는 만큼 더 많은 물이 샐 것이다. 그리하여 "내 안에 고인 생각의 웅덩이가 이리저리 기운다".

 마지막으로 앤 카슨의 모토처럼 들리는 문장을 인용하며 이 짧은 후기를 마칠까 한다. 이것이 또한 독자 모두의 모토가 되길 바라며.

 지도는 가져가지 않았는데, 어차피 읽을 줄도 모르니

까ー왜 흐르는 물에 인장을 찍는단 말인가? 결국 여행의 유일한 규칙은 이것이다, 왔던 길로 되돌아가지 마라. 새로운 길로 가라.

황유원

플레인워터

1판 1쇄 인쇄 2025년 9월 5일	**펴낸곳** (주)난다
1판 1쇄 발행 2025년 9월 15일	**펴낸이** 김민정
	출판등록 2016년 8월 25일
지은이 앤 카슨	제406-2016-000108호
옮긴이 황유원	**주소** 10881 경기도 파주시 회동길 210
책임편집 권현승	**전자우편** nandatoogo@gmail.com
편집 유성원 정가현	**페이스북** @nandaisart
표지 디자인 퍼머넌트 잉크	**인스타그램** @nandaisart @mohobook
본문 디자인 최미영	**문의전화** 031-955-8853(편집)
저작권 박지영 형소진 주은수 오서영 조경은	031-955-2689(마케팅)
마케팅 정민호 박치우 한민아 이민경 박진희	031-955-8855(팩스)
황승현 김경언	
브랜딩 함유지 박민재 이송이 박다솔 조다현	
김하연 이준희	
제작 강신은 김동욱 이순호	
제작처 영신사	ISBN 979-11-94171-85-0 03840

◇ 이 책의 판권은 지은이와 (주)난다에 있습니다.
◇ 이 책 내용의 전부 또는 일부를 재사용하려면 반드시 양측의 서면 동의를 받아야 합니다.
◇ 난다는 (주)문학동네의 계열사입니다.
◇ 잘못된 책은 구입하신 서점에서 교환해드립니다.
  기타 교환 문의: 031) 955-2661, 3580